W0297578

ARND ZEIGLERs wunderbares Fußballbuch

ARND ZEIGLERs wunderbares Fußballbuch

Von A wie Abseits bis Z wie Zaubern –
alles über die schönste Nebensache der Welt

Mit Bildern von
PHILIP WAECHTER

Klett Kinderbuch

Für alle Kinder, die ebenso gerne Fußball spielen, wie ich es immer getan habe. Geht raus und kickt, habt Spaß dabei, und hört nie auf damit!

Und ganz besonders für Ben, Mona und Fienchen.
A.Z.

Was ist so toll am Fußball?

Fußball ist ein komisches Spiel. Viele Millionen Menschen in Deutschland lieben es. Fast jeder hat einen Lieblingsverein, mag einen ganz bestimmten Spieler oder kickt in jeder freien Minute, sobald ihm irgendetwas Rundes vor die Füße fällt.

Was das Tolle am Fußball ist, kann niemand wirklich genau sagen. Die Amerikaner finden unseren Lieblingssport seltsam, weil so wenig Zählbares passiert. Und dass manche Spiele sogar 0:0 ausgehen, finden sie dort völlig bescheuert. Deshalb mögen Amerikaner Basketball lieber. Da gehen Spiele auch mal 90:80 aus.

Auch bei uns gibt es Leute, denen Fußball nichts bedeutet. Die sagen dann oft: *„Was soll daran so besonders sein, wenn 22 Menschen einem Ball hinterher rennen?“*

Diese Frage ist schwierig zu beantworten. Wenn du ein Fußballfan bist, dann ist irgendwann etwas passiert, was dich gepackt hat. Und dann lässt dich Fußball auch nie wieder los. Du findest es toll, wenn deine Mannschaft einen eigentlich stärkeren Gegner überraschend schlägt. Du sitzt mit offenem Mund vor dem Fernseher, wenn dein Lieblingsspieler einen Trick zeigt, den du noch nie zuvor gesehen hast. Und du hüpfst vor Freude, wenn dir selbst mit dem Ball etwas Tolles gelingt, wenn du durch den Fußball neue Freunde findest oder auch wenn du einfach nur vorne herumgestanden und den Ball ins leere Tor geschoben hast.

Fußball ist manchmal herrlich einfach. Aber wichtiger ist: Fußball ist meistens einfach herrlich. Selbst wenn man nur ein mittelmäßiger Fußballer ist, kann man Teil eines großartigen Fußballspiels sein. Und auch ein Fußballspiel zweier ganz schlechter Mannschaften kann dennoch einen Riesenspaß machen.

Man muss Fußball noch nicht einmal ganz verstehen, um ein toller Kicker werden zu können. Aber je mehr man davon versteht, desto einfacher ist es, besser spielen zu können. Ich selbst bin trotzdem ein ganz mieser Fußballer. Aber ich spiele verdammt gerne. In diesem Buch erkläre ich von A wie Abseits bis Z wie Zaubern die wichtigsten Fußballbegriffe. Vielleicht hilft es euch, ein paar Dinge besser zu verstehen und ein kleines Bisschen mehr Spaß am Fußball zu haben, als ihr sowieso schon habt.

Gebt alles!

Euer
Arnd Zeigler

Abseits

Raphael ist etwas moppelig. Man weiß nicht so genau, ob er moppelig ist, weil er nicht gerne läuft, oder ob er nicht gerne läuft, weil er moppelig ist. Kann beides sein.

Dennoch wird Raphael beim Kicken nach der Schule nie als Letzter gewählt. Denn eigentlich ist er richtig gut. Er kann den Ball super abschirmen, ist dribbelstark und hat vor allem einen Mordsschuss, vor dem sich alle fürchten. Wenn Raphael so richtig abzieht, kann kaum jemand etwas dagegen ausrichten. Und bei jedem Nachmittagskick auf dem Bolzplatz am Geestfeld muss irgendwas dran glauben, wenn Raphael mal danebenzielt: Ein Fahrrad wird scheppernd umgeballert, ein Autospiegel knickt ab, ein kleiner Bruder, der mutig direkt neben dem Tor zuschaute, muss getröstet und verarztet werden.

Man hat Raphael lieber in der eigenen Mannschaft. Doof nur, dass er so wenig läuft. Na gut, er steht vorne rum und nagelt die Bälle ins Tor, meistens ziemlich viele pro Spiel. Aber er steht eben rum, und sobald der Gegner mal ein paar Spieler hat, die etwas mehr laufen, ist das Spiel dann schon wieder nicht mehr so schön. Die anderen hetzen eure Mannschaft wie ein Jäger einen Hasen, und ihr könnt immer nur versuchen, weite Bälle auf Raphael zu schlagen, der die Kugel dann mit etwas Glück versenkt.

Manchmal gewinnt man auf diese Art und Weise sogar. Aber so richtig Fußball ist das nicht: Ball bekommen, nach vorne bolzen – Raphael kommt an den Ball ... BUMM! Und so weiter.

Eigentlich geht Fußball anders.

Deshalb haben sich schlaue Menschen vor ungefähr 160 Jahren die Abseitsregel ausgedacht. Dort, wo man immer schon besonders auf Fairness geachtet hat – in England. Ursprünglich sollte die Regel verhindern, dass ein Stürmer einfach so hinter dem Rücken des Gegners ein Tor erzielen kann. Oder dass jemand wie Raphael faul vorne rumsteht und auf Bälle wartet, anstatt sich zu bewegen.

Die Abseitsregel ist die komplizierteste Regel des Fußballs.

Ein Abseits wird dann gepfiffen, wenn ein angreifender Spieler im Moment eines Zuspiels seines Mannschaftskameraden in der gegnerischen Hälfte steht, näher am Tor ist als der Ball und wenn sich in diesem Moment zwischen ihm und der Torlinie weniger als zwei gegnerische Spieler befinden.

Die Engländer fanden diese Regel so wichtig, dass sie sie mit als erstes festlegten. Noch bevor sie entschieden, wie groß die Tore sein sollten oder wie viele Spieler zu einer Mannschaft gehören. Und auch wenn es heute beim Fußball um kaum etwas so viele Streitereien gibt wie um das Abseits: Ohne diese Regel wäre das Spiel längst nicht so schön.

Finden alle. Außer Raphael.

Genauer Wortlaut der Abseitsregel:
Eine Abseitssituation liegt vor, wenn ein angreifender Spieler bei einem Pass eines Mitspielers im Moment der Ballabgabe

- *sich in der gegnerischen Hälfte befindet,*
- *der gegnerischen Torlinie näher ist als der Ball und*
- *der gegnerischen Torlinie mit einem für eine Torerzielung geeigneten Körperteil (nicht Arm oder Hand) näher ist als der vorletzte verteidigende Spieler*

sowie im weiteren Spielverlauf aktiv in das Spielgeschehen eingreift.

Angstgegner

Leon hat nie Angst. Früher, ja gut, da hat er sich mal vor diesem bösen Drachen gefürchtet, von dem ihm Papa in dem Buch „Jim Knopf" vorgelesen hatte. Aber jetzt? Nein, Angst hat Leon nie.

Aber er hat einen Angstgegner: die Klasse 4c. Eigentlich kann von denen niemand besser kicken als Leon und seine 4e. Wenn sie gegeneinander spielen, gewinnen aber komischerweise immer die anderen. Warum, weiß keiner. So etwas nennt man Angstgegner: eine Mannschaft, gegen die man zwar mindestens gleichwertig wäre, aber immer Probleme bekommt, ohne dass es einen klaren Grund dafür gibt.

Auch einzelne Spieler können Angstgegner sein. Leon zum Beispiel ist für sein Alter schon ziemlich groß, aber in der 4e ist eine kleine Rothaarige, gegen die er nur sehr ungern spielt. Die ist zwar eigentlich schwächer, kann auch nicht besonders hart schießen oder schneller laufen, aber sie ist wendig und wuselig, und Leon weiß manchmal gar nicht mehr, wo der Ball ist, wenn diese Rothaarige an ihm vorbeidribbelt.

Auch in der Bundesliga gibt es Mannschaften, die gegen einen bestimmten Gegner jahrelang nicht gewinnen können, obwohl sie eigentlich besser sein müssten.

Das Wort Angstgegner ist etwas irreführend, denn wirklich Angst hat Leon vor den Spielen gegen die 4e mit der Rothaarigen nie. Aber doof ist es fast immer.

Auf Schalke

Einer der berühmtesten und traditionsreichsten deutschen Fußballklubs ist der FC Schalke 04. Ein manchmal etwas schrulliger Verein, auf dem vieles anders ist als anderswo. So sagt man zum Beispiel nicht „bei Schalke“ oder „in Schalke“, sondern „auf Schalke“, wenn man dort zum Fußball geht. Aber warum?

Schalke ist ein Stadtteil der Stadt Gelsenkirchen, die mitten im sogenannten „Kohlenpott“ liegt. Damit ist ein Teil Deutschlands gemeint, den man auch Ruhrgebiet, Revier oder einfach „Pott“ nennt.

Durch besonders kohlehaltige Erdschichten hat sich im Kohlenpott vor über 200 Jahren eine große Bergbauindustrie entwickelt, die auf Hunderten von Zechen dafür sorgte, dass es in Deutschland immer genug Kohle zum Heizen gab.

Weil auf diesen Zechen unglaublich viele Arbeiter gebraucht wurden, halfen Bergleute aus Polen mit, die Kohle-Industrie weiter aufzubauen. Viele polnische Familien machten das Ruhrgebiet damals zu ihrer Heimat und arbeiteten hart. Deshalb gibt es in diesem Teil Deutschlands heute viele polnische Namen in der Bevölkerung: Koslowski, Jagielski, Kuzorra oder Abramczik sind solche Namen. Alle vier waren früher große Stars des FC Schalke 04.

Durch den eigenen Dialekt des Ruhrgebietes und die Vermischung mit der Sprache der zugezogenen polnischen Arbeiter entwickelte sich auf den Kohle-Zechen nach und nach so etwas wie eine etwas putzige, aber liebenswerte eigene Sprache. Die Bergleute sagten: „Wir gehen auf Maloche“, wenn sie zur Arbeit mussten. Sie sagten: „Ich geh’ auf Schicht“, wenn ihr Dienst begann. Sie arbeiteten nicht in einer Zeche, sondern „auf Zeche“.

Es ist heute nicht mehr ganz eindeutig feststellbar, aber sehr wahrscheinlich ist, dass man deswegen heute auch „auf Schalke“ geht. In dem Teil Deutschlands, in dem man „auf Schicht“ und „auf Maloche“ ging, wenn man Bergarbeiter war.

Aufsetzer

Mia ist Torhüterin beim TSV. Eine sehr gute Torhüterin, sagen alle. Sie ist mutig, hat keine Angst vor scharfen Schüssen, und sie wirft sich auch mal mitten ins Getümmel, wenn die Feldspieler vor ihr um den Ball kämpfen. Manchmal hält sie sogar Elfmeter. Ihre Mannschaft kann sich auf Mia verlassen.

Nur eine Sache gibt es, die Mia nicht allzu gut beherrscht: Aufsetzer. Ein Aufsetzer ist ein Schuss, der nicht auf direktem Weg hoch oder flach auf das Tor zufliegt, sondern kurz vor dem Torwart noch einmal auf dem Boden aufsetzt. Aufsetzer sind deshalb oft gefährliche Schüsse, weil der Torwart sich durch das Auftippen des Balles auf dem Rasen blitzschnell nicht nur in die richtige Richtung bewegen, sondern beim fliegenden Ball auch eine neue, veränderte Höhe berechnen muss.

Mia hasst das. Beim Elfmeter, gut, da muss sie nur die richtige Ecke ahnen, und dann hat sie den Ball mit etwas Glück. Aber diese Aufsetzer! Manchmal tippt so ein Schuss kurz vor ihrer Nase auf und landet mitten in Mias Gesicht. Aua! Und dann hat sie sogar noch Glück gehabt, denn diese Bälle gehen wenigstens nicht ins Tor. Oft kommt es aber auch vor, dass der Ball vor ihr auftitscht und über Mia ins Netz fliegt, obwohl sie in die richtige Ecke gehechtet war.

Zu allem Überfluss können Aufsetzer von Spiel zu Spiel ganz unterschiedlich geflogen kommen. Bei hartem Boden springt der Ball relativ hoch ab, bei nassem Rasen zischt er nach dem Aufsetzen flach weiter. Und ganz besonders verzwickt, oft sogar unlösbar, wird das Halten eines Schusses, wenn der Ball auf einem ungleichmäßigen Flecken des Platzes aufsetzt: in einem Loch, auf einem kleinen Hügelchen oder in einer Pfütze.

Wenn sie könnte, würde Mia Aufsetzer einfach verbieten lassen.

Bananenflanke

Justin hat etwas entdeckt. Wenn er rechts vorne spielt und weite Flanken in die Mitte zieht, damit der Mittelstürmer Christian ein Tor draus macht, dann macht der Ball nicht nur einen Bogen, sondern dabei auch noch eine Kurve. Er fliegt nicht nur hoch vor das Tor, sondern dreht sich auch immer etwas vom Tor weg.

Das liegt an der Art und Weise, wie Justin den Ball trifft. Sein Trainer Herr Rullhusen hatte ihm schon in der G-Jugend erklärt, dass man nicht mit der „Pike“, also der Spitze des Fußes schießen soll, sondern mit dem Vollspann oder mit dem Innenspann, also ungefähr der Innenseite des oberen Fußes, die hinter dem Zehgelenk beginnt und bis knapp vor den Knöchel reicht.

Wenn Justin den Ball so trifft, fliegt der Ball nicht nur vorwärts, sondern bekommt auch etwas „Schnitt“: Er dreht sich ein wenig und fliegt dadurch leicht um die Kurve, weg vom Tor. Dadurch ist der Ball für den Torwart schwer zu fangen, die Abwehr hat ihre liebe Mühe und der Stürmer kann super köpfen, wenn der Ball in der richtigen Höhe kommt und eine Kurve vom Tor weg macht. Wenn man sich die

Flugbahn eines solchen Balles vorstellt, wird schnell klar, warum ein solcher Schuss „Bananenflanke“ heißt.

Berühmt wurde dieser Begriff vor über 40 Jahren durch zwei Spieler des Hamburger SV, die auch für die Deutsche Nationalelf spielten: Der blonde Stürmer Horst Hrubesch und sein Mannschaftskamerad Manfred „Manni“ Kaltz beherrschten die Kombination aus Bananenflanke und Kopfball so meisterhaft, dass sie mit unzähligen Kaltz-Flanken von rechts und unzähligen daraus resultierenden Hrubesch-Kopfballtoren ihren HSV dreimal gemeinsam zur Meisterschaft flankten und schossen. Die hervorragende Zusammenarbeit der beiden auf dem Rasen und die Tatsache, dass es oft so einfach aussah, wenn der Manni dem Horst die Bananenflanke direkt auf die Birne gezielt hat, beschrieb Horst Hrubesch einmal so: „Manni Bananenflanke, ich Kopf – Tor.“

Bayern

Timo ist Bayern-Fan. Am Anfang war er das nur, weil er die roten Trikots so cool fand. Später, weil er auf dem Fußballplatz so sein wollte wie Joshua Kimmich. Und inzwischen ist er regelrecht Bayern-verrückt. Sagen alle. Dass sein Kinderzimmer voller Poster ist, auf denen man Thomas Müller, Jamal Musiala oder eben Joshua Kimmich in Aktion sieht, versteht sich von selbst. Bettwäsche mit dem Wappen der Bayern – auch klar. Aber seit einiger Zeit ist Timo ganz mies gelaunt, wenn seine Bayern mal ein Spiel vergeigt haben. Dann geht er am Montag danach mit finsterer Miene zur Schule. Auch, weil er weiß, dass ihn wieder alle ärgern werden. Seine Mitschüler stehen fast alle auf Borussia Dortmund.

Der FC Bayern München ist Deutschlands erfolgreichster Fußballverein aller Zeiten. Kein anderer deutscher Klub ist so oft Deutscher Meister geworden, war international so erfolgreich und hat so viele Fans wie die Bayern. Zu verdanken haben die Bayern dies vor allem vier Personen: Den ehemaligen Spielern Franz Beckenbauer, Gerd Müller, Sepp Maier und Uli Hoeneß.

Franz Beckenbauer war zu seiner aktiven Zeit ein unfassbar guter Mittelfeldspieler und später Abwehrorganisator. Er war schlau, elegant und konnte mit dem Ball so ziemlich alles anstellen, was er sich vorgenommen hatte. Zu seiner Glanzzeit zählte Beckenbauer zu den allerbesten Spielern der Welt und war ungefähr so beliebt wie heute Lionel Messi oder Cristiano Ronaldo. Gerd Müller ist der beste Torjäger aller Zeiten. Sein Rekord steht bei 365 Bundesligatoren, und es ist sehr unwahrscheinlich, dass je wieder ein Stürmer so viele Tore schießen wird. Einmal hat er in einer einzigen Saison 40 Tore geschossen. Fast alle Bundesligastürmer wären heute froh, wenn sie halb so viele schaffen würden.

Sepp Maier war zu seiner aktiven Zeit der beste Torwart der Welt, und mit dem schnellen Flügelstürmer Uli Hoeneß, dem Offensivverteidiger Paul Breitner und dem eisenharten Abwehrspieler Hans-Georg Schwarzenbeck hatten die Bayern damals eine ganze Reihe von Superstars, die alle eins gemeinsam hatten: Sie kamen wirklich aus Bayern oder sind schon als Jugendliche zu den Bayern gestoßen. Mit dieser Mannschaft fast ohne teuer eingekaufte Stars wurden die Bayern in den Siebzigerjahren dreimal hintereinander Meister und gewannen dreimal hintereinander die ›Champions League‹ (auch, wenn sie damals noch anders hieß).

Timo weiß das alles von seinem Papa. Der ist auch Bayernfan. Er hat ihm auch erklärt, dass die Bayern zwar die meisten Fans in Deutschland haben, dass sich aber genauso viele Fußballfans freuen, wenn die Bayern mal verlieren. Sie sagen dann, dass es langweilig ist, wenn eine Mannschaft immer die Beste ist, und dass die Bayern das meiste Geld haben und auch die größte Klappe.

Das stimmt eigentlich auch alles. Es stimmt aber auch, dass die Bayern sich das alles selbst verdient haben. Vor allem, weil sie damals Beckenbauer,

Müller, Maier und Hoeneß hatten. Und weil dieser Uli Hoeneß dann später Manager der Bayern wurde und eine ganze Menge schlauer Dinge entschieden hat, die den Verein noch erfolgreicher und noch reicher machten.

Befreiungsschlag

Malte hat einen strengen Trainer. Herr Rullhusen achtet vor allem auf zwei Dinge ganz genau. Immer auf dieselben zwei Dinge. Oft steht er mit verschränkten Armen am Spielfeldrand und ruft abwechselnd entweder „Nicht so viel FUMMELN dahinten!“ oder „Nicht so viel RUMBOLZEN dahinten!“

„Dahinten“ stehen die Abwehrspieler, und Malte ist einer von ihnen.

Zuviel „Fummelei“ und „Rumbolzerei“ sind zwei Dinge, die Fußballtrainer rund um den Erdball nicht mögen. „Mit „Fummeln“ sind unnötige Dribblings gemeint, mit denen man als Abwehrspieler immer Ballverluste und damit Gegentore riskiert. Malte hat das im letzten Spiel einmal versucht: Er hat zwei Gegenspieler ungefähr am eigenen Elfmeterpunkt mit dem Ball elegant umkurvt und wartete innerlich eigentlich schon auf den Beifall von den Tribünen. Leider hat die Zentralsportanlage Kirchweyhe keine Tribüne, niemand hat applaudiert, und am dritten Gegenspieler ist Malte dann natürlich prompt mit dem Ball hängen geblieben. Der hat sich artig bedankt und die Kugel ins Tor gehauen. Alles nur Maltes Schuld. Mann, war sein Trainer da böse! Deshalb gilt die Grundregel: Vor dem eigenen Tor nicht dribbeln, sondern einen sicheren Pass zum Nebenmann oder nach vorne spielen.

„Rumbolzen“ sagt man, wenn ein Spieler den Ball unkontrolliert irgendwo hin schießt. Schlauer ist es immer, wenn man nichts dem Zufall überlässt. Einen unkontrolliert gebolzten Ball können die Mitspieler meistens nicht erlaufen, weil sie nicht ahnen können, wo er landen wird. Herr Rullhusen ist deshalb immer auch sehr sauer, wenn einer seiner Spieler so etwas tut.

Es gibt allerdings eine wichtige Ausnahme. Wenn du gegen einen sehr starken Gegner verteidigen musst, dessen Stürmer großen Druck auf das Tor ausüben, und wenn deine Mannschaft deswegen so richtig in Not ist, dann kann man manchmal nicht in Ruhe und kontrolliert abspielen. Zum Beispiel dann, wenn sich von deinen Mannschaftskameraden niemand freigelaufen hat. Und weil Dribbeln ja in diesem Fall nicht ratsam ist, bleibt nur noch der Befreiungsschlag als letzter Ausweg.

Der geht so: Du bolzt den Ball so weit weg, wie du kannst, und zwar am besten direkt nach vorne ins Tor des Gegners, oder, falls dir das nicht machbar erscheint, raus aus dem Stadion. Falls das auch nicht klappt, dann wenigstens ins Seitenaus. Früher waren Befreiungsschläge auch in der Bundesliga etwas ganz Normales. Man nannte Verteidiger anerkennend „kompromisslos“, wenn sie den Ball bei jeder sich bietenden Gelegenheit so weit wie möglich wegdroschen. Wenn heute ein

Abwehrspieler im eigenen Strafraum einen Ball vertändelt und der Gegner schießt danach ein Tor, melden sich oft hinterher Spieler von ganz früher zu Wort, die sich selbst loben und darauf hinweisen, dass sie das damals ganz anders gemacht hätten und den Ball ganz weit weggehauen hätten, statt ihn zu verlieren. Das ist wahrscheinlich sogar richtig. Das liegt aber auch daran, dass sich die Spielweise des Fußballs in den letzten Jahrzehnten sehr verändert hat. Früher hat man einfacher gespielt, öfter mal Bälle weit nach vorne geschlagen, anstatt mit seinen Mitspielern den Ball spielerisch nach vorne zu bringen. Heute will jeder Trainer, dass seine Spieler miteinander spielen, kombinieren und den Ball passen, weil man auf diese Weise besser vor das gegnerische Tor kommt als mit Bällen, die weit nach vorne gekloppt werden, aber die meistens kein Stürmer bekommen kann.

Malte weiß noch nicht genau, ob er beim nächsten Mal einen Befreiungsschlag oder lieber einen sicheren Pass zum Mitspieler spielen wird.

Champions League

Wenn dienstags oder mittwochs um 20 Uhr 45 die Champions League-Hymne ertönt, dann wird es im europäischen Fußball so feierlich wie nur ganz selten. Dann spielen die besten Mannschaften Europas gegeneinander. Vielleicht sind es sogar die Besten der Welt.

Die größten Stars der Welt laufen auf, wenn der Paris St. Germain, Manchester City, Real Madrid oder Inter Mailand in den Spielen der Champions League aufeinandertreffen: Kylian Mbappé, Jude Bellingham, Erling Haaland, Harry Kane und wie sie alle heißen.

Früher hieß die Champions League „Europapokal der Landesmeister“, weil an dem Wettbewerb damals nur die Meister der europäischen Ligen teilnehmen durften. Allerdings die Meister *aller* Ligen – auch Mannschaften aus Ländern, in denen nicht so guter Fußball gespielt wird. Man konnte also auch damals schon Real Madrid und Manchester City bejubeln, aber man bekam auch viele Mannschaften zu sehen, die heute kaum noch jemand kennt: Jeunesse Esch aus Luxemburg, Kuopio PS aus Finnland oder IA Akranes aus Island zum Beispiel. Das war nicht immer so richtig spannend.

Daher wurde Anfang der 1990er Jahre aus dem reinen Meister-Europapokal die Champions League. „Champion“ ist Englisch und bedeutet „Meister“. Der Name ist eigentlich Quatsch, denn seit dieser Erneuerung dürfen aus den richtig guten Ligen nicht nur die Meister, also die „Champions“, mitspielen, sondern oft auch der Zweite, Dritte oder sogar Vierte.

Dies wurde entschieden, damit es wirklich zu echten Spitzenspielen kommt. Mit denen lässt sich viel mehr Geld verdienen, weil die Stadien bei solchen Spielen immer voll sind und die Fernsehsender den Spitzenvereinen für die Übertragung viel Geld bezahlen.

Viele Fans freuen sich darüber, weil sie in diesem Wettbewerb die ganz großen Stars sehen. Für die schwächeren Meister Europas aber ist die neue Regelung gemein: Sie müssen sich durch eine Reihe von Qualifikationsrunden kämpfen, um überhaupt teilnehmen zu dürfen. Viele von ihnen schaffen das nicht, obwohl sie sich in ihrem Land vielleicht Jahr für Jahr die Meisterschaft holen.

Choreografie

Mona ist aufgeregt. Sie steht zum ersten Mal im Fanblock ihres Lieblingsvereins 1.FC Köln, mittendrin. Es wird gesungen, das Spiel fängt in einer Viertelstunde an und alle sind voller Erwartung. Eben hat ihr ein größerer Junge erklärt, dass es gleich eine Choreografie geben wird, oder wie er sagt: „'ne Choreo".

Mit Choreografie meint man im Stadion nicht das, was das Wort sonst bedeutet: das Einstudieren eines Tanzes, zum Beispiel im Ballett. Eine „Choreo", die von den Fans manchmal auch „Kurvenshow" genannt wird, ist eine geplante Aktion von Fans, mit der sie ihren Verein vor einem Spiel feiern wollen. Manchmal soll dabei auch der Gegner veralbert werden.

Meistens wird die Kurvenshow von einem großen Fanclub ausgedacht. Sie besteht oft aus farbigen Pappen, die ein bestimmtes, riesengroßes Bild

ergeben, wenn sie von vielen tausend Menschen in einem Stadionblock gleichzeitig hochgehalten werden. Manchmal malen Fans auch eine Riesenfahne, auf der ein bestimmtes Motto für das Spiel ausgegeben wird.

Auf jeden Fall steckt immer sehr viel Mühe und Liebe für den eigenen Verein in solch einer Choreografie. Außerdem funktioniert sie nur, wenn alle mitmachen. Wie das genau ablaufen soll, steht oft auf einem Zettel, der den Fans beim Eintritt in die Hand gedrückt wird.

Besonders gelungen und witzig ist eine „Choreo“, wenn man damit auf phantasievolle und lustige Weise die Fans des Gegners ärgert, die gegenüber in ihrem eigenen Fanblock stehen. In Hamburg haben sich vor einigen Jahren einmal Fans des HSV über die ihrer Meinung nach unwichtige Stadt Bremen lustig gemacht, indem sie auf einem gigantischen Transparent protzten: *„Wir sind das Tor zur Welt – und ihr?“* Dummerweise hatten die Fans aus Bremen vorher davon erfahren und ihrerseits eine genau so große Fahne vorbereitet, die über den gesamten Bremer Fanblock reichte. Darauf war zu lesen: *„Ihr seid das Tor zur Welt – aber wir haben den Schlüssel!“*. Abgebildet war das Bremer Stadtwappen. Es zeigt einen Schlüssel.

Derby

Lukas geht auf die Schule in der Schmidtstraße. Sein bester Freund Torben besucht die Gesamtschule Mitte. Die beiden Schulen liegen nur einen Steinwurf voneinander entfernt. Lukas und Torben kennen sich schon aus dem Kindergarten, und sie sind beste Freunde geblieben, obwohl sie vormittags jeder eine andere Schulbank drücken.

Einmal hatten beide Schulen Schülersprechtag. An diesem Tag gab es keinen Unterricht. Lukas und Torben haben den Tag genutzt und ein Fußballspiel organisiert: die 4c von Lukas aus der Schmidtschule gegen die 5a von Torbens Gesamtschule. Auf dem Schulhof an der Schmidtschule gibt es ein richtiges kleines Fußballfeld mit Kunststoffboden, gezogenen Linien und richtigen Netztoren. Dort trafen sie sich um 11 Uhr.

Gesamtschule Mitte gegen die Schmidtstraße also! Die Luft brannte, die Stimmung war super, fast 50 Mädchen und Jungen aus den anderen Klassen saßen neben dem Spielfeld und feuerten ihre Schule lautstark an. Alle Mitspieler hatten vorher daran gedacht, T-Shirts in einer bestimmten Farbe anzuziehen. Die Schmidtstraße spielte in Rot, die Gesamtschule Mitte in Schwarz. Und fast alle in dem riesigen Gewimmel auf dem Fußballplatz kannten sich gut, weil sie entweder Nachbarskinder waren, im selben Verein spielten oder wie Torben und Lukas miteinander befreundet waren.

Es wurde ein wahres Fußballfest. Das Spiel sollte so lange dauern, bis eine der beiden Schulklassen zehn Tore geschossen hatte. Nachdem Torben, der im Tor der „Schwarzen“ stand, gleich zu Beginn unglücklich an einem harmlosen Hoppelball vorbeisäbelte, stand es früh 0:1, und die Schmidtstraße spielte sich beinahe in einen Rausch. Marlene markierte gekonnt nach einem Dribbling das 2:0 für die „Roten", und nachdem die Gesamtschule auf 2.1 verkürzte, machte Lukas selbst mit zwei Toren das 3:1 und 4:1.

Bis zum Ende ging es nun hin und her. Lukas' Mannschaft führte 6:2, dann 7:4 und später 9:6, ehe der bis an die Mittellinie aufgerückte Torben selbst das Spiel noch einmal richtig spannend machte. Ein phantastischer Fernschuss von ihm landete genau unter der Latte, und nachdem Lukas einen Schrägschuss von Torbens Mannschaftskameraden Tarek nur mit dem Arm abwehren konnte, gab es einen Strafstoß, der sogar noch das 9:8 bedeutete, weil Torben mit seinem gefürchteten Hammerschuss solche Gelegenheiten nie auslässt.

Danach gab es ein zähes Ringen zwischen beiden Teams. Das Spiel dauerte schon über eine Stunde, es war warm und die meisten Spieler waren kaputt, sehr kaputt, völlig kaputt sogar. Als niemand damit rechnete, kullerte ein eigentlich gar nicht gefährlicher Schuss von Nadja in Zeitlupe zum Sieg bringenden 10:8 über die Torlinie, weil der Ball vorher unhaltbar vom Bein eines „Schwarzen" abgeprallt war, der vor lauter Erschöpfung nur noch matt vor dem eigenen Tor abhing. Er wurde dann vor lauter Ärger sehr schnell wieder munter.

Der Jubel war riesig! Die „Roten" hatten ihr Heimspiel gewonnen, die Gesamtschüler zogen geschlagen davon. Lange wurde über dieses Spitzenspiel geredet: auf dem Schulweg, beim Fußballtraining im Verein oder auf dem Bolzplatz. Noch Wochen später ärgerte sich Torben: „Mann, durch so ein blödes Eiertor ...!"

Wenn Mannschaften aus benachbarten Gegenden, Stadtteilen oder Städten gegeneinander spielen, nennt man das ein „Derby" oder „Lokalderby".

Der Begriff entstand schon im Mittelalter, als die Einwohner zweier benachbarter Orte in der Region Derbyshire in England gegeneinander eine frühe Form des Ballspiels gegeneinander austrugen. Es gab dabei kein Tor und kein abgegrenztes Spielfeld. Die Männer der beiden Orte mussten eine Art Ball in den Nachbarort treiben, um dort statt eines Tores den „gegnerischen" Mühlstein zu treffen. Das Spiel wurde relativ kompliziert – immerhin lagen die beiden Mühlsteine gut und gerne vier Kilometer voneinander entfernt.

Später wurde der Begriff „Derby" übernommen für besonders brisante Spiele zweier benachbarter Mannschaften. Das erste Derby aller Zeiten fand im Jahr 1866 im englischen Nottingham statt, als zwei heute noch existierende Vereine gegeneinander antraten: Nottingham Forest und Notts County. Noch heute gehören solche Spiele zu den wichtigsten und stimmungsvollsten Fußballereignissen. In Schottland ist das heißeste Spiel des Jahres immer das Derby des Vereins Celtic Glasgow gegen die Glasgow Rangers. Kein anderes Spiel wurde in Europa in den letzten hundert Jahren so oft gespielt wie dieses. In Österreich, wenn Austria Wien gegen Rapid Wien antritt, in Deutschland ist das Spiel Hamburger SV gegen den FC St.Pauli ein Derby-Klassiker, oder Borussia Dortmund gegen Schalke 04. Letzteres nennt man manchmal auch „Die Mutter aller Derbys", weil es so besonders ist.

Das Spannende an Derbys ist, dass Spieler und Zuschauer sich meistens gut kennen und zugleich in großer Konkurrenz zueinanderstehen. Denn in einer Stadt oder einer Region will natürlich jede Mannschaft unbedingt die Beste sein.

So wie Torben und Lukas alles dafür getan haben, damit ihre Schulmannschaft die Beste ihres Stadtteils ist. Die Schule Schmidtstraße ist der strahlende Derbysieger. Durch ein ganz blödes Eiertor.

Doping

Matteo ist ein wirklich guter Kicker. Er ist nicht der Beste in seinem Verein, aber alle freuen sich, wenn er bei wichtigen Spielen dabei ist. Er ist nämlich fleißig, er läuft viel, und er ist auch ziemlich schnell. Manchmal ist auch sein Papa dabei und schaut zu, wenn Matteo spielt. Matteos Papa ist ein großer Fußballfan. Er ist am Spielfeldrand immer der Lauteste und feuert seinen Sohn an. Manchmal ist Matteo das ein bisschen peinlich. Er guckt dann genervt rüber und ruft seinem Vater im Vorbeirennen zu: „Es ist gut jetzt, Papa. Bitte sei doch nicht so laut!“

Einmal hat Matteos Verein an einem Hallenturnier teilgenommen. Sowas macht immer Spaß. Acht Mannschaften haben mitgespielt, die ganze Tribüne der Turnhalle war voller Spieler und deren Eltern, und es herrschte eine richtig tolle Fußballatmosphäre. An der Seite direkt neben dem Spielfeld stand der Pokal für die Siegermannschaft. Er war silbern und glänzend und riesengroß und sah fast aus wie die Trophäe, die die ganz großen Spieler immer strahlend in die Luft stemmen dürfen, wenn sie die Champions League oder die Europameisterschaft gewonnen haben. Matteo wollte diesen Pokal unbedingt nachher in die Luft stemmen. Das malte er sich den ganzen Vormittag über in seinen Gedanken aus.

Aber die Gegner waren gut, und um diesen Pokal zu gewinnen, würde Matteos Team erst die Vorrunde überstehen müssen, dann das Halbfinale und dann das Endspiel gewinnen.

Alle Spieler mussten schon morgens um 6 Uhr 30 aufstehen, weil sie zum Turnier fast zwei Stunden mit dem Auto anreisen mussten. In den Vorrundenspielen war das alles kein Problem. Da waren alle noch wach und munter, aber im Halbfinale gegen die Mannschaft aus Oberneuland wurden die Beine schon etwas schwerer. Matteos Mannschaft hatte zum ersten Mal an diesem Tag richtig Mühe, glich erst kurz vor dem Schlusspfiff aus und gewann das Spiel dann umjubelt im Strafstoß-Schießen. Sie waren im Finale! Das war toll.

Nicht so toll war, dass sie inzwischen fast acht Stunden in dieser Turnhalle rumsaßen. Draußen wurde es schon dunkel, und einige Spieler hätten zwischendurch am liebsten ein Mittagsschläfchen gemacht. Ging aber nicht. Es waren ja dauernd Spiele. Und nun waren sie ja auch nur noch einen Sieg von dem schönen, silbernen Pokal entfernt. Das würden sie schon irgendwie noch schaffen.

Das Finale stand an. Gegner waren die Spieler aus Leeste. Das war der Ort, wo das Turnier stattfand. Die Jungs aus Leeste mussten keine zwei Stunden mit dem Auto anreisen, und das merkte man auch. Sie schienen viel munterer zu sein. Kunststück, sie hatten morgens ja auch zwei Stunden länger schlafen können als Matteo und seine Freunde.

Matteo aber war das egal. Er war gut drauf und fühlte sich topfit. In den bisherigen vier Spielen hatte er schon fünf Tore geschossen und machte sich sogar noch Hoffnung, vielleicht nicht nur den großen Pokal hochheben zu dürfen, sondern auch noch die Medaille für den besten Torschützen zu gewinnen. Matteo brannte richtig vor Lust auf das Endspiel. Allerdings war er der einzige aus seiner Mannschaft. Alle anderen wirkten müde und schlapp und hatten sogar ein bisschen Angst vor dem starken Gegner.

Matteo war als Einziger putzmunter. Vielleicht lag das daran, dass sein Papa ihm den ganzen Tag über aus einer mitgebrachten Kühltasche immer wieder eiskalte Dosen eines Energy Drinks zu trinken gab. Der schmeckte gar nicht mal so gut, irgendwie klebrig und zu süß. Und Kinder dürfen so etwas auch gar nicht trinken, eigentlich. Papa sagte aber, der macht munter. Also hat Matteo ihn getrunken. Vor dem Endspiel schaute er unter seine Bank auf der Zuschauertribüne. Da, wo er mit Papa saß, wenn er gerade kein Spiel hatte. Da lagen sechs leere Dosen von diesem Zeug. Und Papa hatte auch recht: Matteo war munter und kein bisschen müde.

Leider hat das nichts genützt. Matteo ist im Finale gerannt wie bekloppt, aber seine Mitspieler waren komplett am Ende, so schlapp fühlten sie sich. Sie verloren haushoch mit 1:6 und hatten keine Chance. Matteo hatte nach dem Spiel Tränen in den Augen. Sie waren so dicht dran. Es ging ihm nicht gut.

Nach der Siegerehrung und dem Duschen ging es ab ins Auto, schnell nach Hause. Inzwischen war es stockfinster draußen, und Matteo fühlte sich gar nicht gut. Ihm war schwindlig, er hatte Kopfschmerzen und ihm war richtig schlecht. Nach nicht einmal einer Viertelstunde musste sein Papa anhalten. Matteo musste sich übergeben, hinter einem Baum an der Landstraße. Er hatte jetzt fürchterliche Magenschmerzen. Alles drehte sich. Und er begann zu ahnen, dass das von diesem eklig-süßen Zeug gekommen sein muss, das er gerade hinter dem Baum ausgespuckt hatte. Sein ganzer Bauch war voll davon gewesen. Gegessen hatte er den ganzen Tag über hingegen nur ein Käsebrötchen und eine Bockwurst. Nicht gut.

Es ist im Sport verboten, ungesunde Dinge mit seinem Körper zu tun, damit man kurz schneller, wacher oder stärker ist. Dass Kinder keine Energy Drinks oder zu viel Cola trinken sollen, hat einen Grund. Kinder haben einen empfindlicheren Körper als Erwachsene, und wenn sie zuviel ungesundes Zeug essen oder trinken, werden sie viel schneller krank.

Dinge zu sich zu nehmen, die für den Menschen eigentlich schädlich oder sogar giftig sind, um ganz kurz leistungsfähiger zu sein, nennt man „Doping". Das ist streng verboten, denn es ist ja nichts anderes als Schummeln. Wer sich stärker machen will, als er eigentlich ist, der betrügt seinen Gegner. Bei den Erwachsenen im Profifußball geht es dabei um Dinge, die noch sehr viel schädlicher sind als Energy Drinks. Manche Spieler haben Tabletten genommen oder sogar Spritzen bekommen, damit vielleicht ihre Muskeln wachsen oder ihre Lungen mehr Luft haben als ohne diese Mittel. Das kann bei einem wichtigen Spiel oder Wettkampf auch kurz hilfreich sein, aber für den Körper eines Spielers oder Athleten ist es gefährlich. Man kann davon sehr krank werden oder sogar sterben. Deshalb wird bei wichtigen Fußballspielen kontrolliert, ob die Spieler vorher etwas Verbotenes genommen haben. So soll verhindert werden, dass jemand schummelt.

Energy Drinks sind nicht verboten. Aber Matteo wird dieses Zeug trotzdem ganz bestimmt nie wieder anrühren. Papa soll ihm nächstes Mal lieber Apfelschorle in die Kühltasche packen.

Eckball

Es gibt im Fußball ein paar Dinge, die schlicht und einfach fies wären. Und deshalb gibt es Fußballregeln, die sie verbieten.

Damit man nicht immer nur vorne herumsteht und faul auf Bälle wartet, gibt es die Abseitsregel.

Und damit eine verteidigende Mannschaft, die unter Druck steht, nicht einfach den Gegner beim Angreifen stören darf, indem sie die Bälle kreuz und quer ins Aus drischt, gibt es den Eckball, auch „Eckstoß“ oder kurz „Ecke“ genannt. Mit dem Eckball wird dafür gesorgt, dass eine Mannschaft, die vor ihrem eigenen Tor in Not ist, sich zwar kurz Luft verschaffen, aber den gegnerischen Angriff nicht so einfach beenden kann.

Viele Mannschaften üben für Eckbälle besondere Varianten ein, um gefährliche Torraumsituationen zu erreichen. Der Eckballschütze kann zum Beispiel den Ball auf einen Stürmer zielen, der am vorderen Pfosten steht und ihn per Kopf weiter in die Mitte verlängert, wo dann ein weiterer Stürmer aufs Tor köpfen oder schießen kann. Mit solchen Varianten kann man pro Spiel eine Handvoll großer Chancen erzwingen, die dann auch oft für entscheidende Tore sorgen. Auch Eckbälle, die ganz ohne einstudierte Variante einfach hoch vor das Tor geschlagen werden, sorgen oft für große Torgefahr.

Für die abwehrende Mannschaft bedeutet das: Den Ball sollte man nur dann neben dem eigenen Tor ins Aus schießen, wenn es gar nicht mehr anders geht. Wenn ein abwehrender Spieler genügend Zeit hat, den Ball nicht ins Toraus, sondern ins Seitenaus zu dreschen, ist das eine viel bessere Lösung, weil es dann nur Einwurf gibt, und Einwürfe sind längst nicht so torgefährlich wie Eckbälle.

Eigentor

Lasse ist schwer genervt. Beim Kicken auf dem Schulhof wird er heute entweder geärgert oder ignoriert. Schuld ist dieses blöde Eigentor vom letzten Wochenende.

Sein Verein hatte ein wichtiges E-Jugend-Punktspiel, auswärts beim Tabellenführer aus Sudweyhe. Mit einem einzigen Sieg hätte der TSV die Spitze der Staffel übernehmen können, Platz 1. Alle haben sie sich danach gesehnt. Erster waren sie noch nie!

Erst mal lief alles perfekt: Sandro, ihr Freistoßspezialist, hatte schon ganz früh nach dem Anpfiff einen Fernschuss flach ins Eck gejagt, als die Sudweyher noch gar nicht richtig im Spiel waren. Hinten standen sie bombensicher, und nachdem ihr Gegner eine Viertelstunde lang wütend angerannt war, gelang es Lasses Mannschaftskameraden Joshua, mit einem einzigen, mutigen Steilpass vom eigenen Strafraum aus die gegnerische Hintermannschaft auseinanderzuschneiden wie ein saftiges Stück Pizza.

Der Ball rollte in die Gasse, direkt in den Lauf des kleinen Flitzers Finn, und der ließ es sich nicht nehmen, sogar noch den Sudweyher Keeper auszuspielen und mit dem Ball ins leere Tor zu laufen. Beim Jubeln hätten sie ihn beinahe erdrückt, so gut fühlte sich eine 2:0-Führung beim ungeschlagenen Spitzenreiter an.

Aber die zweite Halbzeit lief weniger glücklich. Zunächst war noch alles gut: Der TSV überstand einen Pfostenschuss und einen schmeichelhaften Strafstoß, den der bullige Abwehrchef der Sudweyher in die Wolken jagte. Aber Mitte der zweiten Hälfte klärte Hakan einen Ball nicht weit genug, und gegen den Kracher aus der zweiten Reihe war Torwart Lennart machtlos. Nur noch 1:2 also.

Und als die Gastgeber gegen Ende noch einmal richtig aufdrehten, passierte es.

Statt einen Ball aus der eigenen Abwehr heraus weit nach vorne zu dreschen, spielte Lasse kurz vor einem heranpreschenden gegnerischen Stürmer schnell zum eigenen Torwart, der im kurzen Eck stand und den Ball sicher aufnehmen konnte, bestimmt. Im kurzen Eck stand der Torwart doch eben noch? Aber inzwischen war Lennart auf die andere Seite des Torraumes gelaufen, um sich Lasse für einen Querpass anzubieten.

Im Moment seines Abspiels durchzuckte Lasse ein Riesenschreck: Lennart stand auf einmal weiter rechts, seine Mannschaftskameraden schrien auf, und Lasse hechelte der Kugel noch hektisch hinterher.

Half aber nichts mehr: 2:2. So ging das Spiel dann auch aus. Sudweyhe blieb vorne, der TSV war weiterhin nur Zweiter. Eine Riesenchance auf die Tabellenführung war vertan.

Am Tag danach stand Lasse alleine auf dem Schulhof herum und hatte auf das Fußballspiel in der Pause gar keine Lust mehr. Angespielt wurde er sowieso nicht. Noch schlimmer waren die verächtlichen Blicke von seinen Mannschaftskameraden Joshua und Torben, die ohne seinen verhängnisvollen Rückpass endlich mal Tabellenführer wären. Und allen anderen hatten die beiden davon erzählt. Lasse war erst einmal erledigt. Das stand fest, das war kaum zu übersehen. Und das sah auch ihr Sportlehrer Herr Hagen.

Die Jungen aus Lasses 4c finden Herrn Hagen super, weil er ein Superfußballer ist. Er hat früher sogar mal kurz in der 2. Liga gespielt. Und wenn er heute mitspielt, macht er sie alle nass. Nach Strich und Faden. So müssen Sportlehrer sein.

Wie gut, wenn solch ein cooler Sportlehrer dann auch noch zur rechten Zeit am rechten Ort ist und mitbekommt, wie ein einzelner Spieler vom Rest der Mannschaft ausgegrenzt wird. Er nahm Lasse zur Seite: „Lasse, was ist denn los? Was haben die denn heute gegen dich?"

Und so erzählte ihm Lasse alles.

In der Sportstunde am Tag darauf ließ Herr Hagen den Ballschrank zu. Er bat die Klasse, sich in einer Ecke der Turnhalle hinzusetzen und stellte seinen Laptop auf einen Kasten. Ohne Kommentar zeigte er den Kindern Szenen eines scheinbar großen Fußballers von früher, der lachend den WM-Pokal in den Himmel reckte. Er stoppte die DVD, blickte die Schüler an, hob bedeutungsvoll den Zeigefinger und ließ die DVD weiterlaufen. In der nächsten Szene sprang ein Abwehrspieler im roten Trikot ungeschickt in einen Eckball und lenkte die Pille unhaltbar für seinen Torwart ins eigene Tor. Entsetzt drehte er sich ab und schlich traurig davon. Herr Hagen stoppte die DVD ein weiteres Mal.

In der dritten Szene jubelte wieder jemand mit einem riesigen Pokal. Den Pokal kannten alle, das war der für den Sieger der Champions League. Aber wer war dieser Spieler? Und was sollte dieses komische Eigentor zwischen den beiden Jubelszenen?

Herr Hagen fragte in die Runde, was da eben zu sehen war. Finn sagte ganz ernst: „Zwei Helden und ein Loser!", woraufhin alle lachten. Herr Hagen lachte kurz mit, sagte aber dann: „Irrtum! Drei Helden, drei Loser, ganz wie ihr wollt. Das war jedes Mal dieselbe Person. Und zwar immer Franz Beckenbauer."

Den Namen hatten manche schon mal gehört und wussten, dass das früher ein ziemlich guter Kicker gewesen war. „Der Beste!", sagte Herr Hagen. „Am Anfang habt ihr Franz Beckenbauer mit dem WM-Pokal gesehen. Das war im Sommer 1974. Er war der Kapitän unserer Nationalmannschaft, die gerade den Favoriten Holland geschlagen hatte. Weltmeister! Das Eigentor passierte Franz Beckenbauer ein halbes Jahr später, bei einem Bundesligaspiel in Berlin. Die Bayern haben 1:4 vergeigt, sind in der Liga abgesackt und nur Zehnter geworden. Und der dritte Ausschnitt entstand nur drei Monate später. Da haben die Bayern mit Beckenbauer als Kapitän die Champions League gewonnen, wieder gegen einen Favoriten. Gegen den englischen Meister Leeds United. Und wisst ihr, warum ich euch das heute gezeigt habe?" – Schweigen.

„Weil Beckenbauers Bayern die Champions League nie gewonnen hätten, wenn seine Mannschaftskameraden ihn nach dem Eigentor in Berlin so behandelt hätten, wie ihr gestern Lasse behandelt habt! Die Bayern haben sich damals wieder aufgerappelt und Beckenbauer hat sicher nicht immer gut gespielt. Aber innerhalb von etwas mehr als drei Jahren wurde er damals Meister, Weltmeister und gewann die Champions League nicht nur einmal, sondern dreimal hintereinander. Weil dieses dämliche Eigentor sofort wieder vergessen war und die Spieler alle an einem Strang zogen."

Wieder Schweigen. Lasse schaute unsicher auf den Turnhallenboden. Seine Klassenkameraden bissen sich verlegen auf die Unterlippe, kratzten nervös an der Sohle ihrer Turnschuhe herum und warfen sich scheue Blick zu. Hakan löste sich als erster aus der Erstarrung und verpasste Lasse einen kumpelhaften Knuff gegen die Schulter. Plötzlich warf Herr Hagen den Ball in die Runde und rief: „Drei Teams machen, wir spielen ein Miniturnier. Und ich will *Mannschaften* sehen und keine dummen Jungs, die sich gegenseitig ärgern!"

Lasses Mannschaftskameraden hatten verstanden. Noch war die Saison nicht vorbei. Sudweyhe konnte sich schon mal warm anziehen.

Einlaufkinder

Jeder hat schon mal die Kinder gesehen, die an den Händen der Profis aufs Spielfeld laufen, kurz bevor ein großes Spiel beginnt. Um eine friedliche Stimmung zu demonstrieren, laufen die Kinder mit den Trikots der Heimmannschaft Hand in Hand mit den Spielern der Auswärtsmannschaft auf, und umgekehrt.

Man nennt sie „Einlaufkinder". Sie sind meistens zwischen sieben und zehn Jahren alt und spielen oft in einer der Jugendmannschaften des Vereines, für den sie beim großen Spiel einlaufen dürfen.

Ein Einlaufkind bekommt ungefähr zwei Stunden vor dem Spiel ein paar Anweisungen, die es vor dem Anpfiff befolgen muss. Es weiß dann zum Beispiel, dass es kurz winken soll, bevor es von der Mittellinie mit den anderen zusammen zur Eckfahne rennt und das Spielfeld verlässt.

Es ist toll, bei einem Bundesligaspiel Einlaufkind sein zu dürfen. Man ist nah am Geschehen, steht mit den Stars im Spielertunnel und kann mit ihnen ein paar Worte wechseln, darf den perfekten Bundesligarasen betreten und vor Zehntausenden von Menschen bei Bundesligaatmosphäre ins große Stadion einlaufen. Niemand, der einmal diese Gelegenheit hatte, wird das hinterher jemals vergessen.

Elfmeter

Wie die meisten Regeln wurde auch die Elfmeter-Regel in England erfunden, vor ungefähr 130 Jahren. Anfangs gab es immer dann einen Elfmeter, wenn ein Abwehrspieler einem Stürmer ein Bein stellte. Später wurde zusätzlich eingeführt, dass es bei absichtlichem Handspiel im Strafraum ebenso Elfmeter gibt wie bei anderen Fouls aller Art, also zum Beispiel auch bei Festhalten am Trikot. Man nennt den Elfmeter auch „Strafstoß".

Die Engländer hatten früher eine etwas eigenartige Auffassung von Fairplay. Kurz nach der Einführung des Strafstoßes fühlten sich die britischen Sportsmänner unwohl bei dem Gedanken, dem gegnerischen Torwart den Ball einfach so aus kurzer Distanz um die Ohren zu ballern.

Und so gewöhnten es sich besonders faire britische Kicker an, den Ball bei einem Strafstoß absichtlich am Tor vorbeizuschießen, weil sie sich zu fein dafür fühlten, ein solches Geschenk anzunehmen. Diese merkwürdige Sitte verschwand allerdings nach und nach wieder.

Die seltsame, krumme Distanz „11 Meter" ergibt sich aus den englischen Maßen für ein Fußballfeld. Dort ist das Längemaß „Yard" populärer als unser „Meter". Ein Strafstoß wird genau genommen aus einer Entfernung von 12 Yards ausgeführt. Das sind 10,97 Meter.

Wenn ein Elfmeter erst einmal vom Schiedsrichter verhängt wurde, gibt es ein paar Grundregeln. Für den Torwart gilt: Er darf sich vor dem Schuss auf der Torlinie bewegen, aber nur seitwärts und nicht nach vorne. Der Schütze darf seinen Anlauf nicht unterbrechen, um etwa den Torwart zu irritieren. Und sämtliche anderen Spieler müssen außerhalb des Strafraums und mindestens 9,15 Meter (10 Yards) vom Ball entfernt stehen.

Fallrückzieher

Wenn in der Sportschau das „Tor des Monats" gewählt wird, gibt es unterschiedliche Gründe, warum ein Tor besonders schön war.

Da gibt es unwiderstehliche Dribblings mit tollem Torabschluss, wie man sie in Perfektion von Lionel Messi zu sehen bekommt. Oder gewaltige Fernschüsse in den Winkel. Oder angeschnittene Kunstschüsse, bei denen der Ball beinahe um die Ecke zu fliegen scheint. Und dann gibt es eine bestimmte Art von Traumtoren, die ziemlich zuverlässig „Tore des Monats" werden: Tore per Fallrückzieher.

Ein Fallrückzieher ist eine artistische Einlage, bei der der Spieler mit dem Rücken zum Tor abspringt, so dass er sich in der Luft rückwärts nach hinten fallen lässt. Im Idealfall liegt er waagerecht in der Luft – Bauch oben, Rücken unten. Wenn du im richtigen Moment abspringst und den Ball gut triffst, kannst du auf diese Weise auch Flanken erreichen, die du per Kopf nicht erwischen würdest. Dies erfordert allerdings eine Menge Training.

Wichtig: Wenn man zu einem Fallrückzieher ansetzt, darf in der Nähe des Schussbeins kein gegnerischer Spieler sein, weil der Schiedsrichter die Aktion sonst wegen → „Gefährlichen Spiels“ abpfeifen muss. So etwas nennt man dann „Fallrückzieher am Mann“, und der ist verboten.

Frühere Weltstars wie Pelé oder Cristiano Ronaldo beherrschten den Fallrückzieher sensationell gut. Aber besonders ein Spieler ist in Deutschland für seine Fallrückzieher berühmt geworden: Der damalige Schalker Klaus Fischer machte diese Schussvariante vor gut vier Jahrzehnten zu seinem Markenzeichen und schoss auf diese spektakuläre Weise sagenhafte sechsmal das „Tor des Monats“.

Fan

Tarek ist einer. Lenny auch. Sophia auch. Marko auch. Fast jeder in der Klasse. Sie alle sind Fan von irgendetwas, irgendwem, irgendeinem Verein.

Das Wort „Fan“ wird abgeleitet aus dem englischen Begriff „fanatic“, auf Deutsch „fanatisch“.

Das ist eigentlich etwas Negatives, denn fanatisch ist jemand, der blindwütig, übertrieben und rücksichtslos sein Ziel verfolgt. In anderen Ländern nennen sich Fußballfans deshalb lieber „Supporter“ – Unterstützer. In Italien heißen Fans „Tifosi“, in Spanien „Aficionados“.

Fußballfan zu sein ist etwas Schönes. Meistens. Wer Fan einer Mannschaft ist, kann sich für etwas begeistern, erlebt dadurch oft Freude, manchmal allerdings auch Niedergeschlagenheit, zum Beispiel dann, wenn der Verein über einen längeren Zeitraum nicht gewinnt oder sogar absteigt.

Marko ist Bayern-Fan. Sein Verein ist beinahe immer erfolgreich. Marko findet das klasse, Sophia und Lenny finden es langweilig. Sie sind Werder Bremen-Fans, und als ihr Verein einmal DFB-Pokalsieger wurde, war das etwas ganz Besonderes.

Es gibt unterschiedliche Gründe, warum man Fan wird. Marko ist Bayern-Fan, weil er Leroy Sané und Jamal Musiala super findet. Helen mag Schalke, weil ihr Vater aus Gelsenkirchen kommt, der Heimat von Schalke 04. Nils und Lenny stehen total auf Werder, weil sie in Bremen wohnen, zu jedem Heimspiel gehen und oft beim Training zuschauen. Manche Spieler erkennen sie schon und grüßen freundlich, wenn Nils und Lenny am Zaun stehen und zugucken. Das finden die beiden immer total cool.

Kinder wechseln manchmal ihren Lieblingsverein. Nico fand früher Wolfsburg gut, wünscht sich aber zum Geburtstag ein Trikot vom BVB, weil sein Lieblingsspieler jetzt Youssoufa Moukoko ist. Erwachsene dagegen, die ihr Fan-Sein ernst meinen, haben eine echte Leidenschaft zu ihrem Lieblingsverein entwickelt, die meistens ein Leben lang hält.

Wenn ihr Verein gewinnt, geht es ihnen gut. Wenn ihr Verein verliert, leiden sie mit. Dieses Mitleiden ist zwar immer doof, gehört aber dazu. Nur, wer auch richtig erfolglose Zeiten mit seinem Verein durchleiden musste, kann sich wirklich über Siege freuen.

Manche Fans wollen bei jedem Spiel dabei sein, in der Bettwäsche mit dem Vereinswappen schlafen und Busreisen zu den Auswärtsspielen mitmachen. Andere zittern zuhause vor dem Radio oder schauen mit Freunden in einem Café, wo die Bundesliga übertragen wird.

Fans unterschiedlicher Vereine ärgern sich gerne gegenseitig. Das gehört dazu und trägt auch zum Spaß am Fan-Sein bei. Es sollte allerdings beim Ärgern bleiben und nicht in grobe Beleidigungen oder Schlimmeres übergehen. Niemand ist doof, nur weil du seinen Lieblingsverein doof findest.

Nicht einmal Marko.

Foul

Tim ist verletzt. „Schwere Prellung", hat Doktor Siedenhans gesagt. Passiert war es am Sonntag beim Pokalspiel in Brinkum. Tim hatte einen Zuckerpass von Sebastian aufgenommen und war eigentlich frei und unaufhaltsam auf dem Weg zum Tor. Leider hatten die Brinkumer einen ziemlich schnellen Abwehrspieler. Der hat mit einem enormen Sprint noch versucht, die Situation zu bereinigen und Tim den Ball vom Fuß zu grätschen. So schnell, wie er selbst dachte, war der Verteidiger aber dann doch nicht. Das Einzige, was er mit zwanzig Meter Anlauf wirklich erwischte, war Tims rechter Fuß.

Glücklicherweise trägt Tim immer Schienbeinschützer, bei denen der Knöchel dick gepolstert ist. „Sei froh", hat Doktor Siedenhans gesagt. „Ohne die Dinger wäre dein Knöchel jetzt durch!"

Als ihn der Abwehrspieler traf, purzelte Tim schreiend zu Boden. Er biss auf die Zähne und weinte nicht, obwohl es ganz gemein wehtat. Der Schiri gab Elfer und redete ein ernstes Wörtchen mit dem Verteidiger. Der war selbst geschockt, weil er sich ganz sicher war, die brenzlige Szene fair bereinigen zu können. Es war aber ein eindeutiges Foul.

Nicht alle Fouls sind so klar erkennbar wie dieses. Manchmal kann man selbst im Fernsehen in Zeitlupe nicht erkennen, ob ein Spieler nun gefoult wurde oder nicht. Genau genommen steht das Wort „Foul“ nicht nur für körperliche Vergehen, sondern für alles, was auf dem Fußballplatz verboten ist. Ursprünglich bedeutet es „schmutzig“ oder „schlecht“. Fouls können auch aus Versehen passieren, so wie hier bei Tim.

Absichtliche Fouls sind natürlich fieser. Und nicht jedes Foul tut weh. Manchmal ist ein Foul auch nur „taktisch“, das heißt: Der Gegner wird nicht umgehauen, sondern nur leicht gestört, um einen Angriff zu unterbrechen oder eine andere Aktion zu stoppen. Festhalten am Trikot ist zum Beispiel diese Art von „taktischem Foul“.

Es liegt am Schiedsrichter, ein Foul korrekt zu bewerten und zu bestrafen. Für ein unbeabsichtigtes Foul gibt es in der Regel einen → Freistoß (oder Strafstoß, wenn es im Strafraum passiert), aber meistens keine → Gelbe Karte. Die gibt es für absichtliche Fouls. Und wenn diese absichtlichen Fouls besonders gemein waren, wie zum Beispiel bei Grätschen von hinten, bei denen der gefoulte Spieler den Angriff nicht kommen sieht und sich deshalb schwer verletzen kann, geben Schiedsrichter meistens völlig zu Recht die Rote Karte.

Tim muss heute nicht zur Schule. Er liegt mit dick bandagiertem Knöchel auf dem Sofa und darf zocken.

Durch das Foul ist er nun faul.

Frauenfußball

In der E-Jugend des TSV spielt auch ein Mädchen. Lena hat lange blonde Zöpfe und ist ein Jahr älter als die Jungs. Meistens wird sie vom Gegner erst einmal belächelt: „Guck mal, die haben ein Mädchen dabei!" Das legt sich aber schnell, wenn das Spiel losgeht. Denn Lena ist zweikampfstark und bissig, hat eine gute Technik und ist auf dem Rasen eine echte Spielerpersönlichkeit. Deshalb hat Trainer Rullhusen sie auch zur Spielführerin gemacht.

Normalerweise spielt Lena zentral vor der Abwehr. Dort räumt sie alles ab. „Hart aber fair", wie man so schön sagt. Es kommt oft vor, dass die gegnerischen Stürmer schon Mitte der ersten Halbzeit keine Lust mehr haben, überhaupt nur in Lenas Nähe zu kommen. Der Ball ist sowieso danach weg, und oft tut es weh. Lena kann nämlich auch sehr gut grätschen.

Manche Menschen trauen Frauen von vornherein Dinge nicht zu, die Männer scheinbar grundsätzlich können. Auch bei Mädchen wird oft so getan, als seien sie automatisch in manchen Dingen schlechter als Jungen. Das ist nicht nur gemein, sondern auch sehr dumm. Es würde völlig ausreichen, wenn die Männer und Jungs, die dies denken, Lena einmal beim Fußball zuschauen würden. Danach wären sie anderer Meinung.

Früher durften Frauen erstaunlicherweise nicht Fußball spielen. Im Jahr 1921 beschloss der englische Fußballverband sogar, dass Frauen nicht einmal ein Stadion betreten durften. Die Männer entschieden, dass Fußball als Sportart insgesamt für Frauen ungeeignet sei.

In Deutschland verbot der DFB im Jahr 1955 den Frauenfußball. Kein Verein durfte Frauenmannschaften bilden oder Frauen auch nur einen Fußballplatz zum Spielen zur Verfügung stellen.

Dieses Verbot wurde erst 1970 aufgehoben. Aber weil die Herren Fußballfunktionäre den Mädchen weiterhin nicht viel zutrauten, durften ihre Spiele nur 70 Minuten dauern, Stollenschuhe waren verboten und der Ball musste leichter und etwas kleiner sein als bei den männlichen Kickern. Was für ein Unsinn!

Diese Einschränkungen wurden aber nach und nach abgeschafft. Seit 1989 gibt es in Deutschland eine Frauenfußball-Bundesliga. Im selben Jahr schaffte die deutsche Frauen-Nationalelf zum ersten Mal die Qualifikation für die Europameisterschaft und gewann das Turnier prompt. Während Männer für einen solchen Erfolg 100.000 Euro oder mehr erhalten, haben die Frauen für ihren EM-Sieg nur ein Kaffeeservice bekommen.

Auch das hat sich seitdem verändert. Richtig gute Fußballerinnen können inzwischen mit ihrem Talent auch Geld verdienen, wenn auch nicht so viel wie die Männer. Bei den deutschen Fußballerinnen gibt es mittlerweile richtige Stars. Alexandra Popp, die Supertorjägerin aus Wolfsburg, die fast in jedem Spiel ein Tor schießt. Dann Abwehr-Ass Giulia Gwinn oder Torfrau Almuth Schult, die auch als Expertin im Fernsehen Spiele analysieren darf, weil sie das so gut kann. Oder Lea Schüller, die starke Mittelfeldspielerin. Und Lena wird bestimmt auch bald dazugehören.

In punkto Athletik können gute Frauenteams möglicherweise nicht ganz mit den Spitzenmannschaften der Männer konkurrieren. Trotzdem können die Männer sich von ihnen etwas abgucken: Frauen sind beim Kicken weniger wehleidig, spielen sauberer und schauspielern weniger als die männlichen Stars. Und es gibt keinen vernünftigen Grund so zu tun, als seien Frauen am Ball schlechtere Technikerinnen.

Oft wird darüber diskutiert, dass es unfair ist, dass Frauen für das Fußballspielen in ihrer Bundesliga weniger Geld verdienen als ihre männlichen Kollegen. Obwohl inzwischen große Turniere wie Weltmeisterschaften oder Europameisterschaften auch bei den Frauen große Spektakel sind und Millionen Fußballfans an den Fernsehern zuschauen, wenn dort Deutschland gegen England oder Frankreich spielt, wird es wohl leider noch etwas dauern, bis auch die Frauen-Bundesliga ein so großer Erfolg wird wie die Bundesliga bei den Männern.

Lenas Gegenspieler haben übrigens großes Glück. Ab der nächsten Saison spielt sie in einer reinen Mädchenmannschaft.

Freistoß

Wenn es keine Freistöße gäbe, würde fast jedes Fußballspiel unfair ablaufen. Freistöße wurden erfunden, damit die Spieler die Regeln einhalten. Wenn sie etwas Verbotenes auf dem Rasen tun, gibt es einen Freistoß. Oder einen Elfmeter, wenn das Foul im Strafraum passiert.

Freistöße gibt es zum Beispiel, wenn ein Spieler seinem Gegenspieler ein Bein stellt, ihn festhält oder wenn einer der Kicker den Ball absichtlich mit der Hand spielt. Viele finden Freistöße besonders wichtig, weil sie zu den sogenannten Standardsituationen gehören. Das sind die Momente in

einem Fußballspiel, wo eine Mannschaft einen Ball überlegt und in Ruhe spielen kann, ohne dass der Gegner etwas dagegen tun kann. Deshalb nennt man sie auch „Ruhende Bälle“: Elfmeter, Eckbälle, Einwürfe oder eben Freistöße.

Das Gute an solchen Aktionen ist, dass man sie vorher einstudieren und im Spiel auch ungestört ausführen kann. Bei einem Freistoß müssen zum Beispiel alle gegnerischen Spieler mindestens 9,15 Meter vom Ball entfernt stehen. Die Mannschaft, die den Freistoß schießen darf, hat also nicht nur Zeit, sondern auch viel Platz, ohne dass ein Gegner stören kann.

Bei den Freistößen gibt es zwei verschiedene Sorten. Ein direkter Freistoß ist ein Freistoß, den man direkt aufs Tor schießen darf. Wenn vorher ein nicht so schlimmes Foul passiert ist, also wenn zum Beispiel ein Spieler nicht umgehauen, sondern nur leichter behindert wurde, dann darf ein Freistoß manchmal nur indirekt ausgeführt werden.

Das bedeutet, dass man ihn nicht direkt ins Tor schießen darf, sondern nur als Anspiel oder Vorlage ausführen darf. Indirekte Freistöße werden oft vors Tor geflankt, damit ein Stürmer daraus ein Tor machen kann.

Es gibt Spieler, die besonders gute Freistöße schießen können, weil sie zum Beispiel besonders genau oder besonders hart schießen können, oder beides. Diese Spieler nennt man oft „Freistoßspezialisten“. Manche Spieler können Bälle bei Freistößen auch ganz besonders gut anschneiden. Das bedeutet, dass man den Ball auf eine spezielle Art trifft, die dafür sorgt, dass er nicht gerade fliegt, sondern eine Kurve macht.

Felix ist solch ein Freistoßspezialist. Er ist nicht besonders schnell, er kann auch nicht gut dribbeln, und wenn er mit dem TSV gegen einen guten Gegner spielen muss, kann es passieren, dass er gar nicht gut zurecht kommt, weil die Gegenspieler einfach zu gut für ihn sind. Er kann aber besonders gefährliche Freistöße schießen, und manchmal ist das wertvoller als alles andere. Wenn sein Team einen Freistoß dicht am Tor bekommt, darf immer Felix schießen, und ganz oft wird danach gejubelt. Es ist schon sehr oft vorgekommen, dass der TSV nur durch einen tollen Freistoßtreffer von Felix ein Spiel gewonnen hat. Deshalb darf er immer mitspielen, auch wenn andere vielleicht eigentlich besser Fußballspielen können als er.

Freistöße sind im Fußball heute ein sehr wichtiges Mittel, um auch gegen überlegene Gegner Tore schießen zu können. Deshalb werden sie oft besonders fleißig trainiert. Durch einen sehr guten Freistoß kann eine Mannschaft auch dann ein Tor schießen, wenn sie eigentlich zu unterlegen ist, um gefährlich vor das gegnerische Tor zu kommen.

Fußballreporter und Fußballreporterin

Emma und Jonas sind Zwillingsgeschwister. Beide mögen Eintracht Frankfurt am liebsten. Sie durften mit ihren Eltern zusammen auch schon zweimal zu Eintracht-Spielen mit ins Stadion und fanden es sehr aufregend. Sie wohnen im Stadtteil Niederrad und damit gar nicht weit weg vom Stadion, in dem die Eintracht spielt. Seit sie von ihren Eltern mit ins Waldstadion genommen wurden, sind sie richtige Fußballfans. Sie haben Poster in ihrem Kinderzimmer aufgehängt, und zum Geburtstag bekamen beide ein Eintracht-Trikot mit ihrem Namen hinten drauf.

Sie würden nun am liebsten zu jedem Spiel ihres Lieblingsvereins gehen, aber ihre Eltern gehen nur ab und zu mal hin, und alleine dürfen sie nicht. Sie sind ja erst zehn Jahre alt. Aber sie sind nun mal richtige Fans und wollen so dicht wie möglich dran sein, wenn ihre Eintracht spielt. Ein Abo für diesen PayTV-Sender, der jedes Spiel zeigt, ist ihren Eltern zu teuer. Deshalb bleibt Jonas und Emma nichts anderes übrig, als die Spiele im Radio zu hören. Das ist auch spannend. Manche meinen sogar, es sei besonders spannend. Es ist ein bisschen wie Geschichten vorgelesen bekommen, nur dass es Fußballgeschichten sind, die ganz echt und wirklich gerade passieren.

Bei fast allen größeren Fußballspielen sitzt eine Reporterin oder ein Reporter im Stadion, die das Spiel live nacherzählen, damit auch diejenigen mitfiebern können, die selbst nicht im Stadion dabei sein können. Wie zum Beispiel Emma und Jonas. Die beiden sind froh, dass es das Radio gibt. Radio hören können sie überall: im Auto, wenn sie mit Mama und Papa ins Wochenende fahren. Oder zuhause, beim Spielen, und sogar in der Badewanne und auf dem Klo. Ein guter Reporter oder eine gute Reporterin schaffen es dabei, so gut zu erklären, was gerade auf dem Rasen im Stadion passiert, dass man sich im Kopf alles supergut vorstellen kann. Eine gute Radioreportage ist deshalb manchmal spannender als ein Spiel im Fernsehen, wenn der Reporter seinen Job gut macht. Wenn sie am Radio zuhören, bekommen Emma und Jonas meistens ganz feuchte Hände, weil es so spannend ist. Sie hören die Fans im Stadion, sie hören die Reporterin, die mal lauter und mal leiser spricht und der man ganz genau anmerkt, ob es im Stadion gerade sehr aufregend ist oder nur ein bisschen aufregend.

Fußballreporter müssen ihren Beruf gut gelernt haben, damit sie im Radio gut klingen. Sie müssen eine gute Stimme haben, gut mit Worten umgehen können und viel vom Fußball verstehen. Manche Leute glaube, dass das ein Traumberuf ist: Der Reporter oder die Reporterin dürfen umsonst ins Stadion und bekommen sogar Geld dafür, dass sie das Spiel anschauen und im Radio davon erzählen. Das ist sicher toll, aber man darf nicht ganz vergessen, dass ein Reporter meistens nicht Spiele seiner Lieblingsmannschaft kommentiert, sondern jedes Spiel neutral schildern muss, zu dem ihn sein Radiosender schickt.

Wenn ihr wollt, könnt ihr das Kommentieren eines Spiels zuhause mal üben. Das macht richtig Spaß. Dann denkt ihr euch entweder ein wichtiges Spiel aus und überlegt, was dabei so alles passieren könnte. Oder ihr baut euch ein Spielfeld in eurem Kinderzimmer mit zwei Toren, die man leicht aus Pappkartons basteln kann. Dann könnt ihr euch mit einer Freundin oder einem Freund auf dem Teppich mit Spielfiguren und einem kleinen Ball oder einer großen Murmel ein spannendes Spiel ausdenken und gleichzeitig kommentieren, was gerade auf dem Spielfeld passiert. Es kann die tollsten Begegnungen auf eurem Teppich geben: Pokémons gegen Schlümpfe, Peppa Pig und seine Freunde gegen eine Einhörner-Auswahl oder ein spannendes Aufeinandertreffen der

Kuscheltiere eures kleinen Bruders. Wen ihr halt gerade so da habt. Ihr werden schnell feststellen, dass das nicht ganz einfach ist, aber auch sehr lustig sein kann. Und ihr werdet merken, dass ein Fußballreporter zuerst mal die Namen der Spieler kennen und dann gut und sehr schnell beschreiben muss, was gerade im Spiel passiert, damit sich andere Leute das zuhause gut vorstellen können, auch wenn sie nur hören, was ihr sagt, ohne das Spiel zu sehen. Noch besser ist natürlich, wenn ihr mit einem Ball nach draußen geht, richtig kickt und dabei euer Spiel einfach mal live mitkommentiert. Und um euch noch besser in einen echten Reporter oder eine Reporterin hineinzuversetzen, könntet ihr eure Reportage auch aufnehmen und hinterher noch einmal anhören. Oft gibt es dabei sehr viel zu lachen.

Jonas möchte sehr gerne später Fußballreporter sein. Emma möchte lieber Mittelstürmerin werden. Bei der Eintracht.

Gefährliches Spiel

Mehmet hat noch mal Glück gehabt. Er wollte für seine Kirchweyher ein Kopfballtor machen, gleichzeitig aber hat ein Junge aus Lahausen beim Abwehrversuch einen Fallrückzieher gemacht und ihn beinahe im Gesicht getroffen. Der Schiedsrichter hat gepfiffen, und Mehmet hat einen Freistoß bekommen, obwohl er das Bein des anderen Jungen dann doch nicht abgekriegt hatte. Den Freistoß gab es nicht wegen Foulspiels, sondern weil die Aktion des Abwehrspielers gefährlich war. Deshalb nennt man solch eine Situation auch „Gefährliches Spiel“.

Beim „Gefährlichen Spiel“ tut man etwas, was einen Gegenspieler verletzen könnte. Wenn du zum Beispiel hoch über dem Boden den Ball mit dem Fuß zu treffen versuchst, während dein Gegner gleichzeitig mit dem Kopf zum Ball geht, muss der Schiedsrichter abpfeifen und einen Freistoß gegen dich geben. Auch wenn du bei dieser Aktion ein noch so schönes Tor schießt – der Schiri muss es leider aberkennen.

Ein „gefährliches Spiel“ geschieht selten aus Absicht, öfter aus einer kleinen Rücksichtslosigkeit heraus. Manchmal aber auch aus Versehen, wenn man den Gegenspieler einfach nicht gesehen hat. Und weil es deshalb in der Regel weniger böse gemeint ist als ein „richtiges“ Foul, gibt der Schiedsrichter nach einem gefährlichen Spiel keinen direkten, sondern nur einen indirekten Freistoß.

Gelbe Karte

Eine Gelbe Karte ist eigentlich nie lustig, aber die Entstehungsgeschichte der Gelben Karte vor über 50 Jahren schon. „Gelbe Karte“ steht für „Verwarnung“ und bedeutet, dass man sich eine Unsportlichkeit geleistet hat, beim Schiedsrichter damit „vorgemerkt“ ist und ab sofort einen Platzverweis riskiert, wenn man sich weiterhin unsportlich benimmt.

Angeblich hat ein Spiel bei der Weltmeisterschaft 1966 in England zur Erfindung der Gelben und der Roten Karte geführt. Bis dahin durften Schiedsrichter die Spieler zwar auch schon verwarnen oder vom Platz stellen, aber sie taten das nur mit Worten und Gesten.

Nun gab es bei der WM 1966 im Spiel England – Argentinien diesen riesengroßen Argentinier namens Rattin. Und es gab einen sehr kleinen deutschen Schiedsrichter namens Rudolf Kreitlein. Der wollte den Argentinier irgendwann in diesem hitzigen Spiel vom Platz stellen, nachdem er sich von Rattin beleidigt fühlte. Rattin aber fand das ungerecht und weigerte sich einfach, den Platz zu verlassen, und nach kürzester Zeit gab es um die beiden herum eine riesige Traube aus Mitspielern, Betreuern und Ordnern. Am Ende musste sogar die Polizei eingreifen und Rattin vom Feld führen. Die Zuschauer im Stadion verstanden gar nicht, worum es überhaupt ging.

Kreitlein und seinem Vorgesetzten, dem englischen Schiedsrichterchef Ken Aston, war danach klar: Man muss irgendwas ändern, damit es bei Verwarnungen und Platzverweisen keine Missverständnisse mehr gibt.

Die Idee kam Aston direkt nach dem Spiel im Auto, im dichten Londoner Verkehr, als er vor einer Ampel warten musste: „Rot" steht für „Stopp" und „Gelb" steht für „Vorsicht" – perfekt! Gemeinsam mit Kreitlein besprach sich Aston am Tag darauf, beide fanden die Idee toll und schlugen sie dem Fußball-Weltverband FIFA vor. Dort fand die Idee ebenfalls Zustimmung, und deshalb gibt es seit der WM 1970 in Mexiko Gelbe und Rote Karten.

Handspiel

Paula könnte sich schwarz ärgern. Sie hatte eigentlich so gut gespielt, bis vor drei Minuten. Leider nützt das jetzt nicht mehr viel, denn weil kurz nach einem Eckball des Gegners ihr rechter Arm in Richtung Ball gezuckt ist, gab es einen Handelfmeter. Dabei wäre der Ball nicht einmal reingegangen.

Aber das spielt keine Rolle. Paula fand zwar, dass sie den Ball unabsichtlich an ihre Hand bekommen hatte, aber sie hatte ihre Arme hoch über dem Kopf, wie ein Torwart. Sie war aber gar nicht der Torwart. So etwas nennen die Schiedsrichter dann „unnatürliche Handbewegung“, und dafür gibt es auch einen Elfmeter. So doof das für Paula jetzt auch ist, aber diese Regel ergibt Sinn, weil sich ja sonst jeder Abwehrspieler mit ausgebreiteten Armen dem Stürmer in den Weg stellen könnte, damit der nicht aufs Tor schießen kann. Das wäre doch doof.

Um Handspiele gibt es viele Streitigkeiten und Diskussionen. Das liegt daran, dass es für ein absichtliches Handspiel im Strafraum einen Elfmeter für den Gegner gibt, und Elfmeter sind nahezu sichere Tore. So ein blödes Handspiel wie das von Paula kann also ein ganzes Spiel entscheiden, wenn es ganz dumm läuft.

Die Handspielregel ist im Laufe der Zeit immer komplizierter geworden. Früher hat man immer gesagt: Handspiel ist nur, wenn es Absicht ist und wenn die Hand zum Ball geht. Wenn ein Gegenspieler die Hand des Verteidigers anschießt, aber nicht. Dann wieder gab es Zeiten, in denen die Schiedsrichter fast bei jedem Handspiel einen Elfmeter gaben, ganz egal ob absichtlich oder nicht. Und dann hat man bemerkt, dass das auch irgendwie ungerecht war und hat es wieder geändert. Und jetzt

ist die Regel immer noch etwas kompliziert, aber grob gesagt lautet sie etwa: Wenn ein Spieler sich durch seine Hand absichtlich einen Vorteil verschafft, ist es ein strafbares Handspiel. Wenn er oder sie also einen Ball absichtlich abwehrt oder die Hände so ausbreitet, dass sie den Ball aufhalten, wenn der Schuss in ihre Richtung fliegt.

Wenn Paula also ihren Arm schützend vors Gesicht hält und dann an der Hand getroffen wird, gibt es keinen Elfer. Denn dass man sein Gesicht vor einem Schuss schützen will, ist „natürlich". Wenn Paula aber den Arm über den Kopf oder nach links oder rechts streckt und dann den Ball damit abbekommt, dann ist das strafbar. Denn solche Armbewegungen gelten als „unnatürlich".

Pauls Armbewegung war also scheinbar unnatürlich. Der Elfmeter ging rein und das Spiel 2:3 verloren.

Nun schlägt sich Paula vor Ärger die Hand an die Stirn. Mit voller Absicht. Das ist doch sehr natürlich, oder?

Hattrick

Erik ist das Sorgenkind von Trainer Rullhusen. Er ist eigentlich ein guter Fußballer. Fleißig, zweikampfstark, mannschaftsdienlich. Aber wenn es um die „großen Momente" geht, streiken seine Nerven. Vor dem Tor trifft er den Ball nicht richtig, wenn er freigespielt wurde. In der Abwehr spielt er einen katastrophalen Fehlpass, wenn der Gegner ihn bedrängt. Und im wichtigsten Spiel der Saison weiß Erik eigentlich schon vorher, dass ihm wieder alles danebengehen wird. Und wenn man das schon vorher weiß, passiert es natürlich auch.

Eriks Trainer Rullhusen ist ein netter Typ. Streng, aber nett. Er hat einen Bart und eine kleine Wampe, trägt meistens eine Mütze und weiß genau, wie er mit den Kindern reden muss. Er mag es überhaupt nicht, wenn seine Spieler ein wichtiges Spiel nicht ernst nehmen oder wenn sie nicht kameradschaftlich zueinander sind. Das macht ihn richtig sauer. Aber er hat viel Geduld, wenn es um Fehler geht, die eben mal passieren können.

Trainer Rullhusen redet oft mit Erik. Er weiß, dass Erik eigentlich alles kann: dass er schnell ist, bissig, gut im Spiel Mann gegen Mann. Dass Erik einen sehr guten Schuss hat, weiß er auch, seit Erik ihm im Trainingsspiel mal die Mütze vom Kopf geschossen hat. Die Mütze lag danach beinahe im Nachbarort. Und der Trainerkopf hat mächtig gebrummt.

Spieler wie Erik wecken im Trainer einen besonderen Ehrgeiz. Sicher, man bekommt es als Fußballtrainer auch mal mit richtig lausigen Fußballern zu tun, solchen wie Oscar aus der 4b, mit dem Erik befreundet ist. Oscar hat es lange probiert, aber es hat nicht einmal annähernd ausgesehen wie Fußball, was Oscar auf dem Rasen veranstaltet hat. Inzwischen macht er lieber Judo. Bei Oscar war nichts zu machen, was Fußball anging.

Aber Erik, den möchte Trainer Rullhusen dazu bringen, ein richtig guter Kicker zu werden. Weil Erik Talent hat, und vor allem: weil Erik ein guter Fußballer sein *will.*

Eriks Trainer war sich sicher, dass Erik einmal ein rundum gutes Spiel brauchte, in dem ihm die wichtigen Dinge gelingen. Das Freundschaftsspiel gegen Neubruchhausen war bestimmt eine gute Gelegenheit. Neubruchhausen hatte eine wacklige Abwehr und einen Torwart, der vielleicht auch lieber Judo machen sollte. In der Besprechung vor dem Spiel legte Trainer Rullhusen fest: „Erik, du spielst heute vorne in der Mitte. Es ist mir egal, ob du Tore schießt, denn das heute ist ja ein Testspiel, und Testspiele sind zum Testen da. Deshalb heißen die so. Was ich will, ist aber: Schieß aufs Tor, wann immer du kannst. Spiel heute mal nicht ab. Das will ich erst am Samstag im nächsten Punktspiel wieder sehen. Heute bist du Stürmer, und heute darfst du mal egoistisch sein. Klar?“ Erik nickte überrascht. Normalerweise sagte der Trainer seinen Stürmern das Gegenteil: Spielt auch ab, schaut unbedingt immer, ob jemand besser postiert ist. Und nun sollte er also einfach das Gegenteil tun.

Als alle schon aufs Feld liefen, nahm Trainer Rullhusen noch Mohamed zur Seite und gab auch ihm eine überraschende Anweisung: „Mohamed, heute spielen wir mal etwas anders! Wenn du den Ball auf deiner linken Seite bekommst, passt du ihn bei jeder Gegenheit in die Mitte zu Erik, okay? Wenn alles funktioniert, wirst du sehen, weshalb wir das heute so machen!"

Das Spiel lief gut. Neubruchhausen spielte gefährlich nach vorne und ging auch zweimal in Führung, aber nach hinten standen sie wie erwartet ziemlich offen da. Das 1:1 hatte Erik sogar vorbereitet, aus Versehen. Er hatte nämlich doch abgespielt, und mit einem schönen Drehschuss hatte Nik die Vorlage verwertet. Trainer Rullhusen war natürlich nicht böse darüber, erinnerte Erik aber sofort: „Mein Lieber, denk dran – den nächsten schießt du selbst!"

Bei Halbzeit stand es 2:2, und Erik hatte etwas Pech mit einem Schuss, der noch den Außenpfosten streifte. Aber er hatte ein gutes Gefühl. Dieses berühmte „Heute geht was!"-Gefühl, das er sonst vor Klassenarbeiten hatte, wenn er ausnahmsweise mal viel geübt hatte und das Thema gut beherrschte.

In der zweiten Halbzeit erlebte Erik die schönste halbe Stunde seiner bisherigen Fußballkarriere. Der TSV übernahm die Initiative und stellte Neubruchhausen mit einer Serie von gefährlichen Pässen in die Spitze vor große Probleme. Anfangs hatte der Gegner noch Glück, aber nach etwa zehn Minuten ging der TSV erstmals in Führung. Nik hatte einen Steilpass auf Erik gespielt, der beinahe zu scharf war, aber Erik konnte den

Ball noch knapp vor der Torauslinie erlaufen. In der Mitte war niemand mitgelaufen, und weil der Torwart auf der Linie klebte, zog Erik die Kugel kurz nach innen und schoss dann sofort. Mit seinem schwächeren linken Fuß, aber trotzdem platziert. Flach strich die Pille ins kurze Eck zum 3:2. Erik erschreckte sich fast ein bisschen. Ein Tor aus dem Spiel heraus hatte er zuletzt vor einem halben Jahr bei einem Hallenturnier geschossen.

Nach dem Anstoß setzte der TSV nach. Mohamed verlor einen Zweikampf, erkämpfte sich den Ball aber zurück und ging an der linken Seitenlinie auf und davon. Im Normalfall hätte er versucht, nach innen zu ziehen und selbst den Abschluss zu suchen, denn sein linker Hammer war gefürchtet. Aber er dachte an Trainer Rullhusens Ansage, blieb außen, lief noch bis zur Grundlinie und schlug einen scharfen, flachen Pass nach innen. Auf dem Elfmeterpunkt stand Luca einschussbereit, und alle rechneten damit, dass er den Ball bekommen würde. Aber zwei Schritte vor ihm warf sich plötzlich Erik in die Hereingabe. Robust, aber ohne Foul zu spielen, schlängelte er sich zwischen zwei Gegenspielern hindurch und brachte irgendwie noch sein gestrecktes rechtes Bein an den Ball. Der änderte seine Richtung dadurch zu überraschend für den Neubruchhauser Torwart und flog halbhoch zum 4:2 an den linken Innenpfosten. Trainer Rullhusen klatschte grinsend Beifall und hob den Daumen, als Erik scheu zu ihm herübersah.

Der Trainerdaumen kam noch ein weiteres Mal zum Einsatz. Kurz vor Schluss hatte der TSV den Gegner am eigenen Strafraum unter Druck gesetzt, ein Distanzschuss von Marcel wurde noch abgewehrt, aber der Ball sprang genau auf Erik zu, der ihn fast vom Strafraumeck aus mit einem satten Direktschuss ins lange Eck jagte. Der Torwart der Neubruchhauser reagierte gar nicht mehr, so scharf war der Schuss. Erik hatte den Ball perfekt getroffen und musste nun beinahe lachen: drei Tore hintereinander!

In England hätte er nun den Ball des Spieles als Geschenk bekommen. Dort ist es Sitte, dass ein Spieler, dem drei Tore in einem Spiel gelingen, den Spielball mit nach Hause nehmen darf. Und die Engländer haben dafür auch einen Begriff erfunden: „Hat Trick“ oder auch „Hattrick“. In England meint man damit die Tatsache, dass jemand drei Tore in einem Spiel erzielt. In Deutschland hat man für einen Hattrick strengere Regeln. Hier nennt man drei Tore nur dann so, wenn sie in einer Halbzeit und direkt hintereinander geschossen wurden, also ohne dass ein anderer Spieler dazwischen ein Tor schießt.

Erik hatte also einen echten Hattrick geschafft. Die Sportreporter sagen dann immer: „Ein lupenreiner Hattrick!“ Seine Unsicherheit vor dem Tor war danach wie weggeblasen. Wann immer Erik ein bisschen nervös zu werden drohte, dachte er an seine Sternstunde mit dem Hattrick gegen Neubruchhausen und war wieder ganz ruhig und konzentriert.

Hooligans

Im Stadion kann man ganz unterschiedliche Arten von Fußballzuschauern antreffen. Da sind die „Normalos“: Menschen, die einfach nur das Fußballspiel sehen wollen. Nichts sonst.

Dann sind da die → Fans in den Farben ihres Vereins, mit Schal, Trikot oder Cap, die mächtig mitfiebern, das Vereinslied mitsingen und ihre Mannschaft anfeuern, so gut sie können.

Eine spezielle Gruppierung sind die „Ultras“. Sie sind besonders engagiert, opfern viel Zeit für ihren Verein und bereiten vor wichtigen

Spielen tagelang Aktionen vor, mit denen sie im Stadion die Mannschaft feiern wollen: so genannte → Choreografien, Kurvenshows, riesige Transparente oder Aktionen, bei denen mit Hunderten von farbigen Pappen, die alle gleichzeitig auf Kommando in die Luft heben, ein besonders cooles Bild entsteht.

All diese Menschen sind im Normalfall eine Bereicherung für die Fußballkultur in den Stadien, und alle von ihnen haben das gleiche Recht, ein Spiel so schauen zu können, wie sie es wollen.

Etwas anderes sind dagegen die „Hooligans". Der Begriff kommt aus England und bezeichnet eine Gruppe von Personen, die sich zwar als Fans fühlen. Vor allem aber geht es ihnen darum, im Stadion besonders aggressiv aufzutreten. Da sie auch vor Gewalt gegen gegnerische Fans nicht zurückschrecken, sind sie häufig in Schlägereien verwickelt. Hooligans behaupten grundsätzlich, große Fußballfans zu sein und sehen ihren „Job" im Stadion als wichtigen Teil ihres Lebens. Anders als die Ultras interessieren sie sich aber hauptsächlich dafür, wann und wo die nächste Prügelei stattfindet. Manchmal verabreden sie sich sogar irgendwo außerhalb mit anderen Fans, um sich ungestört prügeln zu können.

Wenn ihr das für hirnlos und völlig bekloppt haltet, habt ihr völlig Recht. Hooligans im Stadion braucht kein Mensch. Und anderswo auch nicht.

Kapitän

Trainer Rullhusen hat heute vor dem Training angekündigt, dass nach Trainingsende alle Spieler noch beisammenbleiben sollen. Heute soll der Mannschaftskapitän für die kommende Saison bestimmt werden.

Der Kapitän einer Mannschaft hat eine wichtige Funktion, vergleichbar mit dem Klassensprecher in einer Schulklasse. Er muss schlichten, wenn es Streit gibt. Er ist der einzige Spieler, der bei einer Meinungsverschiedenheit mit dem Schiedsrichter diskutieren darf. Und zu ihm kann man auch kommen, wenn man innerhalb der Mannschaft ein Problem hat.

Mannschaftskapitäne sind deshalb oft erfahrenere Spieler. Jeder Verein achtet darauf, dass der Kapitän ein Spieler ist, dem man eine Vorbildrolle zutraut. Er muss von allen anderen respektiert und ernst genommen werden. Aus diesem Grund muss es auch einer der besseren Spieler sein. Außerdem jemand, der nicht allzu viel Mist baut.

Lennart ist ein guter Spieler, schwänzt aber ab und zu das Training, weil er sich lieber mit zwei Freunden zum Zocken trifft. Keine gute Voraussetzung, um Kapitän zu werden.

Anton kommt immer zum Training und ist einer der Besten in der Mannschaft. Aber er hat dauernd Quatsch im Kopf. Neulich hat er unter der Dusche einen Weitpinkelwettbewerb veranstaltet. Trainer Rullhusen fand das nicht so lustig. Auch Anton wird nicht Kapitän.

Johanna ist immer vernünftig und würde so etwas nie tun, aber sie ist keine wirkliche Stammspielerin. Mal spielt sie, mal sitzt sie auf der Bank. Auch sie hat keine Chance auf die schicke Kapitänsbinde, die man am linken Oberarm trägt.

Am Ende entscheidet der Trainer, dass Tom, Hakan und Ella sich den Job des Kapitäns teilen und mit der Binde abwechseln. Alle drei sind auf dem Rasen fleißig, spielen fair, handeln immer im Sinne der Mannschaft und können gut reden.

So wie Leon Goretzka. Nur in klein.

Knipser

Dieses Wort erklären wir mal mit einem winzigen Versuch: Geh' mal bitte zu deinem Lichtschalter und drück drauf.

Knips!

Was passiert? Das Licht geht an! Oder aus. Wann passiert das? Nach ein paar Sekunden? Nein, sofort. Knips! In dem Moment, in dem du drückst, passiert genau das, was du willst.

Der Knipser auf dem Fußballplatz tut genau dasselbe. Er spielt im Sturm und wenn er den Ball bekommt, dann macht er ein Tor. Und zwar zuverlässig immer, sobald er die Chance dazu bekommt. Ein Knipser ist also der Typ Torjäger, der aus so gut wie jeder Möglichkeit ein Tor macht, ohne lange zu fackeln. Genau so, wie dein Lichtschalter aus jedem „Knips“ Licht macht.

Der Stürmer Simon Terodde von Schalke 04 ist ein solcher Typ. Die Fernsehkommentatoren sagen über diese Art Stürmer: „Den siehst du das ganze Spiel lang nicht, aber wenn er auch nur eine winzige Chance bekommt, ist der Ball drin!“

Erster „Knipser“ der Bundesligageschichte war der Niederländer Harry Decheiver (den Namen spricht man „Deschewehr“ aus), der ab 1995 zwei Jahre lang für den SC Freiburg „knipste“ und danach noch ein Jahr für Borussia Dortmund kickte. Vor ihm haben zwar auch schon Stürmer geknipst, aber Decheiver war der Erste, der auch „Knipser“ genannt wurde.

In Dortmund war er allerdings nicht mehr so erfolgreich.

Wahrscheinlich war sein Tor-Schalter kaputt.

Konter

Das Wort „Konter“ kommt aus der griechischen Sprache. Dort bedeutet „contra“ so viel wie „gegen“. Der Konter beim Fußball steht also für einen schnellen Gegenangriff.

Konter sind deshalb besonders gefährlich, weil man durch geschicktes Kontern einen Gegner in dem Moment erwischt, in dem er gerade Druck auf dein Tor ausüben wollte und deshalb nicht besonders gut auf einen Angriff deiner Mannschaft vorbereitet ist.

Dadurch stehen viele Spiele des Gegners in der anderen Spielhälfte. Das heißt, er hat nicht viele Spieler hinten, um das eigene Tor zu bewachen.

Wenn deine Mannschaft also total unter Druck steht und den Ball erobert, kann sie durch besonders schnelles Spiel nach vorne den Gegner auskontern. Ihr müsst euch nicht erst umdrehen, sondern könnt voll durchstarten und seid deshalb viel schneller vorne als euer Gegner zurücklaufen kann.

Von manchen Stürmern sagt man, sie seien besonders gute Konterstürmer. Nämlich dann, wenn sie vielleicht technisch nicht überragend sind, aber pfeilschnell. Einen solchen Stürmer kann man bei einem Konter direkt nach der Balleroberung einfach mit einem weiten Pass auf den Weg zum gegnerischen Tor schicken.

Einer der bekanntesten Konterstürmer ist Timo Werner von RB Leipzig.

Kopfball

Mario ist ein Riese. Ob wohl er erst elf ist, misst er schon 1,65 Meter. Manchmal fühlt er sich dadurch schlaksig und ungeschickt, und wenn er mit seinen Freunden kickt, ist er auch immer einer der langsamsten.

Aber durch seine Größe bekommt er jeden hohen Ball. Meistens muss er nicht einmal springen.

Am Anfang hatte Mario lange Zeit Angst, Bälle mit dem Kopf zu nehmen. Aber dann hat er gemerkt, dass das seine ganz große Stärke ist. In einem Kopfballduell hat keiner auch nur den Hauch einer Chance gegen ihn.

Kopfbälle sind nicht einfach. Man muss sie trainieren und das richtige Gefühl dafür bekommen, wie genau man den Ball treffen muss, damit er wirklich so fliegt, wie man das gerne möchte.

Für das Kopfballtraining gibt es auf vielen Trainingsplätzen eine Vorrichtung namens „Kopfballpendel". Bei diesem Pendel ist ein Ball an einer Schnur befestigt und hängt ungefähr in der richtigen Höhe für einen Kopfball. Durch die Schnur kommt er von alleine immer wieder in die richtige Position zurück. Man kann an diesem Pendel also in Ruhe üben, wie man den Ball am besten erwischen muss.

Mario hat im Verein ein paar Nachmittage nur damit verbracht, am Kopfballpendel zu trainieren. Seitdem beherrscht er Kopfbälle perfekt und macht auf diese Weise viele Tore. Der Ball muss nur ungefähr in der richtigen Höhe kommen, und die Jungs, mit denen er oft spielt, haben sehr schnell herausbekommen, wie sie auf Mario flanken müssen.

Beim Kopfball ist es wichtig, den Ball mit der Stirn zu treffen. Nur so kann man ihn wirklich zielen und ihm auch die Wucht mitgeben, die ein guter, torgefährlicher Kopfball haben sollte.

Den ehemaligen HSV-Stürmer Horst Hrubesch nannte man „das Kopfball-Ungeheuer“, weil er mutig in jede Flanke sprang und ein so phantastischer Kopfballspezialist war, dass gegen seine wuchtigen Hammerkopfbälle meistens nichts zu machen war. Ein Gegenspieler sagte einmal: „Hrubesch wird der erste Spieler sein, der einen Freistoß aus 30 Metern mit dem Kopf reinhaut.“ Das ist aber bislang doch noch nicht geschehen.

Körpertäuschung

Trainer Rullhusen möchte mit seinen Spielern heute Körpertäuschungen üben. Eine sinnvolle Maßnahme, denn Körpertäuschungen sind ganz einfach zu lernen und helfen im Spiel sehr dabei, am Gegenspieler vorbeizukommen.

Wenn sie klappt, reagiert dein Gegner bei der Körpertäuschung auf eine Bewegung, die du nur antäuschst. Er bewegt sich also in eine bestimmte Richtung, und du kannst mit dem Ball einfach an der anderen Seite vorbei.

Probier es vor dem Spiegel aus. Du brauchst dafür nicht einmal einen Ball.

Gehe zwei Schritte geradeaus und stell dir vor, du hättest den Ball am Fuß und einen Gegenspieler vor dir. Bewege nun deinen Oberkörper schnell nach links, so als würdest du links am Gegner vorbeigehen wollen. Der Verteidiger wird im Ernstfall die Bewegung mitmachen und versuchen, dich abzublocken.

Im nächsten Moment wirfst du dich rasant nach rechts und hast leichtes Spiel, den Gegner hinter dir zu lassen, denn er wird seine Bewegung nicht so schnell ändern können, weil er auf den Richtungswechsel nicht eingestellt war.

Übe es – es lohnt sich!

Linienrichtergesten

Die Überschrift ist eigentlich nicht korrekt. Den „Linienrichter“ gibt es seit 1996 nicht mehr. Um deutlich zu machen, dass der Mann mit der Fahne an der Seitenlinie sehr bedeutend ist, hat sich der DFB damals entschlossen, diese Männer als „Schiedsrichterassistenten“ zu bezeichnen. Und immer öfter sieht man auch Schiedsrichterassistentinnen, nicht nur beim Frauenfußball.

Der Schiedsrichterassistent hilft dem → Schiedsrichter oder der Schiedsrichterin, möglichst alle kniffligen Entscheidungen richtig zu treffen. Das gelingt nie so ganz, weil im Fußball oft Situationen entstehen, in denen alles sehr schnell geht und man ohne Zeitlupe und Wiederholungen nicht nachvollziehen kann, was wirklich passiert ist. Ein gut eingespieltes Gespann aus Schiedsrichter und Assistenten kann es aber schaffen, ein Spiel trotz strittiger Szenen gut zu leiten. Wichtig ist für eine solche gute Zusammenarbeit sind die Zeichen, die der Schiedsrichterassistent oder die Assistentin dem Schiedsrichter gibt.

Die wichtigste Geste des Assistenten ist das Anzeigen einer Abseitsposition. Dafür hebt er die Fahne möglichst im selben Moment, in dem das Abseits entsteht. Um dem Schiedsrichter noch etwas deutlichere Angaben zu machen, kann er nach dem schnellen Heben der Fahne noch anzeigen, in welchem Bereich des Spielfeldes ein Spieler Abseits stand, damit der Schiri es den Spielern erklären kann, wenn es durch den Abseitspfiff Streit geben sollte. Senkt er die Fahne schräg nach unten, bedeutet das, dass ein Spieler in der Nähe des Schiedsrichterassistenten im Abseits stand. Hebt er die Fahne etwa waagerecht nach vorne, dann war ein Spieler in der Mitte des Spielfeldes im Abseits. Und wenn er die Fahne schräg nach oben in Richtung andere Seitenlinie richtet, dann war ein Spieler auf der anderen Seite abseits.

Alle anderen Zeichen der Assistentin oder des Assistenten sind einfach zu verstehen. Wenn ein Ball ins Aus gegangen ist, zeigt sie an, wer einwerfen darf, indem sie in Richtung des Tores weist, auf das die einwerfende Mannschaft spielt. Ist der Ball im Tor-Aus, so zeigt die Assistentin entweder auf den Torraum und macht damit klar, dass es Abstoß geben muss. Oder sie läuft Richtung Eckfahne und zeigt auf die Fahne, um einen Eckstoß anzukündigen.

Schließlich muss sie dem Schiedsrichter anzeigen, wenn eine der beiden Mannschaften auswechseln möchte. Sie tut dies, indem sie mit beiden Händen die Fahne waagerecht über ihren Kopf hält.

Manndecker

Luca versteht mittlerweile, wenn Trainer Rullhusen etwas Wichtiges auf eine komische, ironische Weise sagt. Vor dem Spiel gegen Kleinenborstel hatte er Luca in der Kabine zur Seite genommen und mit ernstem Gesicht gesagt: „Die haben einen verdammt starken Mittelstürmer! Den bewachst du! Ich bin sicher, dass du das schaffst. Störe ihn immer schon bei der Ballannahme! Lass ihn nie aus den Augen und sei immer dicht dran an ihm. Wenn nötig, folgst du ihm auf die Toilette!“

Luca weiß nicht, ob der Mittelstürmer vom SV Kleinenborstel wirklich auf der Toilette war. Er wäre wahrscheinlich auch nicht mitgegangen, denn der Trainer wollte mit diesem lockeren Spruch nur ausdrücken, dass man den gefährlichen Stürmer keine Sekunde lang irgendwo alleine lassen darf.

Einen Spieler so hauteng zu bewachen nennt man „Manndeckung". Das bedeutet, dass ein wichtiger Spieler des Gegners einen festen Bewacher bekommt, der nur die Aufgabe hat, den Gegenspieler zu stören und nicht ins Spiel kommen zu lassen.

Früher hat man grundsätzlich jeden Stürmer des Gegners manndecken lassen. Mittlerweile gilt diese Art der Verteidigung bei Profimannschaften als altmodisch, weil man dadurch weniger für das eigene Spiel tun kann und zu sehr auf den Gegner reagieren muss. Moderner ist die Raumdeckung, bei der man von den Defensivspielern bestimmte Bereiche des Spielfeldes bewachen lässt. Sie wechseln sich manchmal mit der Manndeckung ab, je nachdem, wo der Gegner auftaucht.

Raumdeckung gilt also als die modernere Variante, den Gegenspieler zu bewachen. Sie ist schwieriger zu lernen als Manndeckung, weil man nicht einfach seinem Gegner hinterherlaufen und stören muss, sondern so gut es geht vorherahnen muss, was als nächstes passieren könnte.

Und dann ist es bei der Raumdeckung das wichtigste Ziel, die Bereiche auf dem Spielfeld zu bewachen, wo der Ball vom Gegner hin gespielt werden könnte. Man bewacht also nicht mehr einen einzelnen Spieler, sondern sorgt dafür, dass bestimmte Bereiche und Wege auf dem Spielfeld für ihn versperrt sind.

Mannschaft

Eine Mannschaft besteht aus elf Spielern, die das Trikot desselben Vereins tragen. Stimmt! Aber das ist längst nicht alles.

Eine der wichtigsten Aufgaben jedes Trainers ist es, aus elf guten Spielern auch eine gute Mannschaft zu machen. Das klappt nicht automatisch, im Gegenteil. Die Fußballgeschichte ist voll von Beispielen, bei denen ein Haufen von Super-Fußballern nie zu einer Mannschaft zusammengewachsen ist und deshalb am Ende immer versagt hat, wenn es darauf ankam.

Das beste Beispiel sind Mannschaften wie heute Paris St. Germain oder früher Real Madrid, die man 2002 „die Galaktischen" taufte, weil in dieser Mannschaft einige der allerbesten Fußballer der Welt spielten: die Brasilianer Ronaldo und Roberto Carlos, der Portugiese Luis Figo, der Franzose Zinedine Zidane, der Engländer David Beckham und das spanische Eigengewächs Raúl Gonzales. Eine unfassbare Anhäufung von Mega-Superstars in einer einzigen Mannschaft. Das Beste vom Besten, scheinbar. Aber die Erfolge blieben aus, weil Real vor lauter Eifersüchteleien zwischen den vielen Superstars nie wie eine echte Mannschaft spielte.

Es gibt auch umgekehrte Beispiele: Mannschaften ganz ohne große Stars, die trotzdem Meisterschaften oder Pokalsiege holen, weil die Spieler perfekt zueinander passen, weil niemand auf den anderen neidisch ist und weil auf dem Rasen einer für den anderen ackert und rackert. Einer für alle, alle für einen. Der ehemalige Bundestrainer Berti Vogts hat diesen Punkt sehr schön zusammengefasst, als er danach gefragt wurde, welcher deutsche Nationalspieler der ganz große Star im Kader sei. Vogts prägte den berühmten Satz: „Der Star ist die Mannschaft!" Das bedeutet: Ohne Zusammenhalt kann kein einzelner Spieler glänzen. Mit Zusammenhalt und Teamgeist aber können alle elf Spieler Besonderes erreichen.

Maskottchen

Vom französischen Wort „Mascotte" (auf deutsch: Hexe) kommt das Wort „Maskottchen". Gemeint ist damit ein Glücksbringer, meist in Form eines Püppchens, einer Figur oder auch eines lebenden Tieres.

Viele Vereine haben eins. Manche haben keines, weil die Verantwortlichen dieser Vereine Maskottchen albern und peinlich finden. In der Tat wirkt es manchmal etwas eigenartig, wenn bei Fußballspielen ungelenke, riesige Plüschtiere am Spielfeldrand herumwanken. In den bunten Kostümen stecken meistens Studierende, die sich damit ein paar Euro verdienen.

Euro ist ein gutes Stichwort. Die meisten Vereine schaffen sich ein Maskottchen an, damit sie es in Form einer Plüschfigur in ihren Fanshops verkaufen können und so durch das Maskottchen Geld verdienen. Viele Spieler finden es irgendwie doof, nach einem tollen Spiel von diesem unförmigen Getüm abgeklatscht zu werden. Und Glück bringt es natürlich auch nicht, weil sonst alle vom Abstieg bedrohten Vereine nicht den Trainer entlassen, sondern das Maskottchen wechseln würden.

Sympathisch sind Maskottchen, wenn sie originell sind, etwas mit dem Verein zu tun haben, aus einer gewissen Tradition zum Verein gehören und nicht nur, um Geld einzuspielen. Der lebendige Kölner Geißbock „Hennes“ zum Beispiel, den man auch im Vereinswappen der Kölner sehen kann.

Neben ihm tummeln sich in der Bundesliga momentan unter anderem die folgenden Maskottchen: Der Bär „Herthinho“ (Hertha BSC Berlin), die Biene „Emma“ (Borussia Dortmund), der Adler „Attila“ (Eintracht Frankfurt), der Elch „Hoffi“ (TSG Hoffenheim), der Löwe „Brian the Lion“ (Bayer Leverkusen), das Fohlen „Jünter“ (Borussia Mönchengladbach), der Bär „Berni“ (Bayern München), der Fuchs „des schlaue Füchsle“ (SC Freiburg), das Krokodil „Fritzle“ (VfB Stuttgart), der Bulle „Bulli“ (RB Leipzig) und der Wolf „Wölfi“ (VfL Wolfsburg).

Kein Maskottchen haben Werder Bremen, der FC St. Pauli, Hannover 96 und der FSV Mainz 05. Vielleicht brauchen sie einfach keins?

Mauer

Schiedsrichter Reker pfeift laut und schrill. Es gibt einen Freistoß für Leeste. Das ist schlecht, denn beim TSV Leeste spielt der dicke Olaf, und der hat einen Schuss, vor dem sich jeder fürchtet. Einmal soll er sogar beim Bolzen im Freibad auf der Liegewiese ein Bäumchen kaputt geschossen haben, das so dick war wie ein Männerarm.

Die Abwehrspieler hoffen kurz, dass er vielleicht gar nicht schießen *will.* Aber Quatsch, *natürlich* will er. Und schnappt sich auch schon die Pille.

Trainer Rullhusen brüllt: „MAUER!!!“. Torwart Tim stellt sich an den Pfosten, um die mutigen Abwehrspieler so zu dirigieren, dass die Mauer auch an der richtigen Stelle steht und nicht einen Bereich neben dem Tor abdeckt, wo Olaf sowieso nicht hinschießen wird. Olaf schießt nicht nur hart, sondern auch unangenehm genau.

Schiedsrichter Reker geht zum Ball und schreitet dann zehn nicht zu große Schritte Richtung Freistoßmauer, die aus Ahmet, Jörn, Ben, Malte und Ole besteht. Laut Regel muss die Mauer mindestens 9,15 Meter vom Ort des Freistoßes entfernt stehen. Dieses krumme Längenmass kommt wieder einmal aus England, wo vor langer Zeit viele Fußballregeln festgelegt wurden. 9,15 Meter sind zehn Yards (vergl. auch → Elfmeter).

Neben dem Abstand ist festgelegt, dass der Ball bei einem Freistoß ruhig liegen muss. Er darf also nicht noch rollen. Die Fernsehreporter sagen immer „Der Ball muss ruhen!“

Und dann gibt es noch den Teil der Regel, der Ahmet, Jörn, Ben, Malte und Ole in dieser Minute am meisten interessiert: Wie dürfen sie sich gegen das zu erwartende Olaf-Geschoss schützen, damit es nicht zu weh tut, wenn jemand den Ball abbekommt?

Im Normalfall halten sich Spieler in einer Abwehrmauer die Hände schützend vor jene Körperregion vorne zwischen den Beinen, die besser keinen harten Ball abbekommen sollte. Manche Leute fragen sich, weshalb man sich die Hände nicht vor das Gesicht hält. Die Antwort ist einfach: Das Gesicht kann man schnell schützend zur Seite drehen, das Geschlechtsteil dagegen nicht.

Bekommt man den Ball an die Hand, die gerade schützend vor den Körper gehalten wird, ist das nicht strafbar. Einen Elfmeter riskiert man aber, wenn die Abwehrmauer im Strafraum steht und man seine Arme hoch in die Luft streckt. Das gilt als „unnatürliche Handbewegung" und wird als → Handspiel abgepfiffen.

Also Arme runter, tief Luft holen und hoffen, dass Olaf niemanden in der Mauer kaputt schießt. Bittebittebittebitte!

Danke. Das Hoffen hat geholfen. Olaf hat in den Boden getreten und rollt sich jetzt jammernd am Boden herum, weil sein Fuß wehtut. Der Ball ruht immer noch.

Meister

Wenn du gerne Fußball spielst, vielleicht sogar im Verein, dann hast du bestimmt die gleichen Träume wie alle anderen Fußballspieler dieser Welt: ein Star sein, Pokale hochhalten, umjubelt werden, Meisterschaften gewinnen und besser sein als alle anderen!

Jeder dieser Träume ist sicher wunderschön, wenn er in Erfüllung geht.

Das Problem ist: Alle Fußballspieler dieser Welt haben diese Träume. Meister werden können aber immer nur wenige. Und obwohl es wirklich großen Spaß macht, wenn man am Ende einer Fußballsaison eine Meisterschaft gewonnen hat, obwohl man immer sein Bestes geben und versuchen sollte, jedes Spiel zu gewinnen, ist es ganz wichtig, dass man den Spaß am Fußball nicht davon abhängig macht.

Natürlich: Fußball macht mehr Spaß, wenn die Bälle ins gegnerische Tor zischen und wenn deine Mannschaft Spiel um Spiel gewinnt. Aber Meister zu werden ist nur eines von vielen Zielen, die du verfolgen solltest, wenn du gerne kickst. Genauso wichtig ist: an sich arbeiten und besser werden. Und vor allem: den Spaß am Fußball behalten, egal wie erfolgreich du spielst.

Keiner der ganz großen Stars ist in seiner Karriere von schlimmen Niederlagen und hammerharten Rückschlägen verschont geblieben.

Aber Cristiano Ronaldo wäre kein Superfußballer geworden, wenn er nach dem verlorenen EM-Finale 2004 plötzlich keinen Bock mehr auf Fußball gehabt hätte. Leroy Sané wäre nicht so ein toller Spieler geworden, wenn er nicht weitergespielt hätte, nachdem er zur WM 2018 vom Bundestrainer nicht mitgenommen wurde. Lionel Messi wäre nur halb so gut, wenn er 2010 nach dem verlorenen Champions League-Halbfinale gegen Inter Mailand erst einmal frustriert mit dem Training aufgehört hätte.

Vielleicht wirst du es niemals schaffen, so gut zu spielen wie Messi oder Ronaldo. Vielleicht. Wenn du jedoch beim Fußball alles von Siegen und Meisterschaften abhängig machst und niemals lernst, dass auch Niederlagen wichtig sind und dass Fußball auch ganz ohne Meisterschaften etwas Großartiges ist, dann wirst du es sogar ganz sicher nicht schaffen.

Moral

Maxi gehört zu den besten Spielerinnen des TSV. Sie wäre sicher jede Saison Torschützenkönigin und wahrscheinlich auch Kapitänin der Mannschaft, wenn sie sich nicht immer so hängen lassen würde, wenn es mal schlechter läuft.

Trainer Rullhusen macht das jedes Mal wieder aufs Neue wahnsinnig. Es muss nur mal ein Pass nicht genau kommen, ein Abwehrspieler am Ball vorbeisäbeln oder der Torwart einen nicht ganz unhaltbaren Ball ins Tor flutschen lassen, schon geht es los. Maxi meckert rum: „Kannst du nicht genauer spielen?“ „Du Blindfisch, den hättest du halten müssen!“ „Ach Mann, wie sollen wir denn gewinnen, wenn ihr so schlecht spielt!?“

So ein Verhalten geht gar nicht. Schon deshalb nicht, weil Maxi dadurch zeigt, dass es ihr mehr um sich selbst geht als um die Mannschaft, in der jeder für den anderen mitkämpfen sollte. In einer echten Mannschaft versucht jeder, die Fehler der anderen mit auszubügeln, indem er sich erst recht richtig reinhängt, wenn einem seiner Mannschaftskameraden etwas danebengeht.

Bei Maxi kommt noch hinzu, dass man sie selber eigentlich auch gleich auswechseln kann, sobald sie mit ihrem Gemecker anfängt. Vor lauter Motzen hört sie nämlich meistens auf zu kämpfen, das Spiel rauscht nur noch an ihr vorbei und sie spielt nur noch halb so gut wie sonst.

Mia ist da ganz anders. Sie ist längst keine so gute Fußballerin wie Maxi, aber sie gibt wirklich niemals auf. Sie stachelt ihre Kameradinnen und Mitspieler an, wenn etwas danebengegangen ist: „Komm, das kann passieren! Nicht aufgeben! Das packen wir trotzdem noch!“ Wenn der Ball im eigenen Tor landet, holt sie ihn aus dem Netz, legt ihn auf den Anstoßpunkt, klatscht in die Hände und feuert sich selbst und ihre Teamkollegen an: „Los, gebt jetzt alles! Wir haben noch nicht verloren!"

Mia hat weniger Talent als Maxi. Sie kann nicht so gut dribbeln, trifft beim Schuss den Ball nur selten so perfekt wie ihre Mannschaftskameradin. Aber Trainer Rullhusen muss sich über sie viel seltener aufregen als über die talentiertere Maxi. Denn Mia gibt nie auf. Mia ist eine wichtige Spielerin, die der Mannschaft auch in schwierigen Phasen hilft. Und Mia gibt immer alles, bis das Spiel zu Ende ist.

Diese Fähigkeit nennt man Moral: nicht aufgeben, immer weiterkämpfen, immer anstrengen. Nur wer diese Fähigkeiten hat, wird erleben, dass er auch gegen eigentlich stärkere Gegner gewinnt, schon verloren geglaubte Spiele noch dreht oder sich gegen Spieler durchsetzt, die eigentlich besser sind. Und all diese Dinge machen unsagbar viel Spaß. Also Kopf hoch, wenn es mal nicht läuft, und im Falle des blödesten Rückschlags an die berühmten Worte erinnern, die Oliver Kahn, früher mal der beste Torwart der Welt, in einer fast aussichtslosen Situation rief: „Weiter, immer weiter!"

Pass

Tore schießen ist toll. Jeder Fußballer mag das: Man nimmt Maß, zielt, sieht den Torwart fliegen und stellt erfreut fest, dass er an den Ball nicht mehr herankommt. Die Mannschaftskameraden umringen dich, rufen deinen Namen und feiern mit dir.

Die tollsten Momente eines Fußballspiels sind meistens Tore. Aber genauso, wie kein Sänger toll wäre ohne seine Musiker oder kein Filmschauspieler ohne seine Kameraleute, so wären die meisten Torjäger nicht viel wert, wenn sie nicht immer wieder hervorragende Pässe serviert bekommen würden, die ihnen das Toreschießen leicht machen.

Wenn man sich mal vor Augen führt, welche Spieler im Weltfußball die ganz großen Stars sind, dann sind das zwar oft Spieler, die viele Tore schießen: Mbappé, Kane oder Erling Haaland. Aber ebenso sehr werden diejenigen verehrt, die es meisterhaft beherrschen, Tore vorzubereiten: durch Steilpässe, Querpässe, überraschende Rückpässe oder Doppelpässe. Spieler wie Kevin de Bruyne, Mario Götze oder Thomas Müller werden für ihre besonders genialen, perfekten Pässe gefeiert.

Besonders spektakulär ist der sogenannte „tödliche Pass“. So nennt man Pässe, die so perfekt gespielt wurden, dass eine ganze Abwehr durch die Richtung oder den Zeitpunkt des Passes überrascht wird und keine Chance hat, den Ball zu klären.

Pässe können viele verschiedene Funktionen haben. Mit Querpässen kann man das Spiel der eigenen Mannschaft beruhigen, Zeit gewinnen oder auf eine Lücke in der gegnerischen Abwehr lauern.

Steilpässe nennt man die Bälle, die scharf direkt in Richtung gegnerisches Tor geschickt werden, damit ein Stürmer den Ball erlaufen und sich damit direkt auf den Weg in Richtung Tor machen kann.

Jeder Fallrückzieher, jedes Fernschusstor, jedes Tor nach einem Alleingang sind schön. Aber die Kunst des Fußballs besteht vor allem im guten Zusammenspiel, und ein schlapp ins leere Tor geschobener Ball kann

genauso toll sein wie der artistischste Flugkopfball, wenn man vorher durch ein paar tolle Pässe die Abwehr des Gegners nach Strich und Faden ausgespielt hat.

Pokal

Sieger bekommen Pokale. Das ist nun mal so. Pokale sind so etwas Ähnliches wie Blumenvasen oder Eimer, nur schicker. Man könnte etwas hineintun, aber nie ist was drin. Und obwohl kein Fußballer genau weiß, weshalb er ausgerechnet einen Pokal überreicht bekommt, dreht sich im großen Fußball fast alles um diese unpraktischen, glänzenden Dinger, die manchmal sogar nicht einmal schön aussehen.

Um Pokale gibt es viele Geschichten. Die bewegendste davon betrifft den ersten WM-Pokal, der von 1930 bis 1970 an den jeweiligen Weltmeister verliehen wurde. Man nannte ihn „Coupe Jules Rimes“ nach dem ehemaligen Präsidenten des Fußball-Weltverbandes FIFA. Jules Rimes war im Amt, als 1930 in Uruguay die allererste WM stattfand.

Die Trophäe stellte die griechische Siegesgöttin „Nike“ dar. 1966 wurde der Weltpokal kurz vor der WM in England gestohlen und von einem herumstreunenden Hund namens „Pickles“ in einem Gebüsch wiedergefunden. Das war großes Glück, aber es bewahrte diese historische Fußballtrophäe nicht vor einem traurigen Schicksal. 1970 gewannen die Brasilianer ihre dritte Weltmeisterschaft und durften laut damals gültiger Regel den Weltpokal für immer behalten. Dreizehn Jahre später wurde er gestohlen und von den Dieben eingeschmolzen. Wer weiß, wo die Spurenelemente dieses allerersten Weltpokals nun sind? Von ihm existiert seitdem nur noch eine Kopie.

Wenn man in Deutschland von „Pokal“ redet, meint man meistens den DFB-Pokal, der dem Gewinner des deutschen Pokalwettbewerbs jedes Jahr verliehen wird. Das Pokalendspiel findet immer im Berliner Olympiastadion statt und ist der feierliche Ausklang der Saison. Die Stimmung dort ist einmalig und selbst für erfahrene Profifußballer etwas ganz

Besonderes. Deshalb ist der Schlachtruf „Berlin, Berlin, wir fahren nach Berlin!“ der Hit bei jedem Pokalspiel. Jeder möchte zu diesem Finale, nur zwei schaffen es.

Meistens Bayern München und noch irgendjemand.

Pressing

Ein Wort, das du sicherlich auch schon einmal gehört hast, ist „Pressing“. Es kommt auch, wie sehr viele Fußballbegriffe, aus dem Englischen. „Pressing“ bedeutet so viel wie „Drücken“.

Wenn deine Mannschaft das Pressing gut beherrscht (das ist sehr schwierig!), kannst du damit dem Gegner das Leben sehr schwer machen. Das Pressing, also eigentlich das Drücken bedeutet, dass du ihn unter Druck setzt, wann immer er den Ball hat. Jeder Spieler wird hart bedrängt, wenn er entweder den Ball gerade hat oder ihn bekommen könnte. Dadurch erreichst du, dass dein Gegner kaum Zeit hat, um sich die nächste Aktion in Ruhe zu überlegen. Und dadurch macht er leichter Fehler und hat Probleme, mit dem Ball etwas Sinnvolles anzustellen.

Das klingt alles gut, aber das Pressing hat auch für deine eigene Mannschaft einen Nachteil. Es ist nämlich verdammt anstrengend. Wenn deine Mannschaft den Gegner pressen will (so nennt man das), müssen eure Spieler sehr viel laufen und immer vorausahnen, wohin der Ball als nächstes kommen könnte. Das muss man sehr lange trainieren, und die meisten Mannschaften schaffen es nicht, das über die volle Dauer des Spiels gut hinzubekommen.

Es ist ein bisschen so, als würdest du deine Hände gegen eine Wand pressen. Das geht am Anfang ganz gut, aber irgendwann wird es anstrengend. Wenn du das Pressing mit deiner Mannschaft gut beherrschst, wird es hingegen vor allem für deinen Gegner anstrengend.

Retortenverein

Als der Fußball in Deutschland erfunden wurde, ging es den ersten Kickern unseres Landes vor allem um den Spaß an diesem tollen Sport. Sie wollten in Ruhe spielen und sich mit anderen Fußballern messen. Irgendwann wurden die ersten Vereine gegründet, die Regeln erfunden und schließlich mit dem Deutschen Fußball-Bund (kurz DFB) der Verband, der das alles organisieren sollte. Den DFB gibt es nun schon mehr als 120 Jahre.

In den ersten Jahrzehnten ging es nur um ein Hobby. Je mehr aber Fußball auch interessant für Menschen wurde, die nur zugucken, aber nicht selbst spielen wollten, desto mehr wurde er auch zum Geschäft. Es entstanden große und immer größere Stadien, es wurden immer mehr und immer teurere Eintrittskarten verkauft, das Fernsehen kam dazu und zahlte immer mehr Geld dafür, die Spiele zeigen zu dürfen. Und die Vereine bemerkten, dass sie viel Geld nebenbei verdienen konnten, wenn sie nicht nur Eintrittskarten, sondern auch Fanartikel ihres Vereins verkauften.

So kam immer mehr Geld ins Spiel, und je mehr das Geld eine Rolle spielte, umso mehr Menschen wollten am Fußball Geld verdienen. Er wurde immer mehr auch zu einem großen Geschäft, das viele Menschen reich gemacht hat. Am Anfang war das mal unvorstellbar. Da wollten wirklich nur ein paar Jungs in Ruhe kicken.

Durch die vielen Möglichkeiten, mit dem Fußball Geld zu verdienen, entstanden vor gar nicht so langer Zeit die ersten sogenannten „Retortenvereine“. Das Wort bezieht sich auf den Begriff „Retortenbabys“. Darunter verstand man Babys, die nicht im Bauch ihrer Mutter, sondern in einem

Labor gezeugt wurden, also nicht natürlich, sondern künstlich. Und genau so ist das Wort „Retortenverein“ gemeint. Es steht für Fußballvereine, die nicht mehr aus dem eigentlichen Grund gegründet wurden, also um Menschen das Fußballspielen zu ermöglichen. Nicht aus Begeisterung und von Fußball-Liebhabern, sondern als Geschäft und von Menschen, die damit Geld verdienen möchten. Solche Vereine existieren dann nicht aus Liebe zum Sport Fußball, sondern um eine Marke oder ein Produkt zu vermarkten. Das ist nicht verboten, und es scheint auch ziemlich gut zu funktionieren. Viele Fußballfans finden es aber doof, weil es diesen Vereinsbossen nicht vorrangig um besonders viel Freude am Fußball geht, sondern um möglichst viel Geld.

Vielleicht träumst du auch davon, einmal so gut Fußball spielen zu können, dass dir jemand Geld dafür zahlt. Das ist okay. Es wird dir aber schwerfallen, dir heute vorzustellen, dass du nicht mehr Fußball spielen sollst, weil es Spaß macht, sondern nur noch für Geld.

Viel Geld zu haben kann sicher ein schönes Gefühl sein. Aber ein tolles Tor zu schießen sollte immer ein noch viel schöneres Gefühl bleiben.

Rote Karte

Dennis weint. Der Schiedsrichter hat ihn gerade vom Platz gestellt. Und als wäre das noch nicht schlimm genug, wurde er direkt danach sogar in die Kabine geschickt. Nicht mal anschauen durfte er sich den Rest des Spieles. Das ist im Regelwerk so festgelegt. Wenn ein Spieler vom Platz gestellt wurde, darf er sich nicht mehr in der Nähe des Spielfeldes aufhalten, sondern muss den Innenraum verlassen.

Weshalb die Roten Karten rot sind, steht beim Stichwort → Gelbe Karte. Dass die Karte wirklich rot war, hat Dennis leider sehr genau sehen können, denn der Schiedsrichter hat sie ihm direkt unter die Nase gehalten.

Leider gab es daran nicht viel zu rütteln. Dennis hatte mit ansehen müssen, wie ein Stürmer des Gegners aus Melchiorshausen fast die komplette Abwehr genarrt und dann sogar noch den Torwart ausgespielt hatte. Als er den Ball lässig ins leere Tor schieben wollte, spurtete Dennis dazwischen und lenkte den Ball im Hechtsprung gerade noch um den Pfosten. Leider mit der Hand.

Wer auf diese Weise absichtlich ein klares Tor verhindert, sieht grundsätzlich die Rote Karte. Das Gleiche gilt für „Notbremsen". So nennt man es, wenn ein Verteidiger einen Stürmer in höchster Not umnietet, weil dieser Stürmer gerade frei aufs Tor zulaufen oder sogar schon völlig frei schießen kann. Wer dies durch ein absichtliches Foul verhindert, muss also genauso vom Platz wie Dennis. Außerdem muss der Schiedsrichter so hart entscheiden, wenn ein Spieler besonders grob foult, den Schiedsrichter beleidigt oder sich eine Tätlichkeit leistet. Damit meint man das Schlagen oder Treten nach einem Gegner.

Rund um das Thema Platzverweis gibt es lustige Geschichten, auch wenn kein Spieler es besonders spaßig findet, wenn er die Rote Karte zu sehen bekommt. Der Schotte Andy McLaren leistete sich im Jahr 2006 erst ein knallhartes Foulspiel, dann eine Tätlichkeit und demolierte nach dem Platzverweis vor Wut noch die Schiedsrichterkabine. Für diese Vergehen bekam er in diesem einen Spiel nacheinander drei Rote Karten gezeigt.

Da hat Dennis mit seiner einen Roten Karte ja direkt noch Glück gehabt.

Rudelbildung

Oscar ist im Spiel gegen Sebaldsbrück vom Platz gestellt worden. Dabei spielt er noch in der E-Jugend, wo die Schiedsrichter normalerweise gar keine Roten Karten dabeihaben. Oscar hat noch nicht mal ein Foul begangen, und trotzdem hat der Schiedsrichter ihn nicht zu Unrecht vom Platz gestellt.

Oscar hat nämlich eine sehr schlechte Angewohnheit. Er mault über jede Schiedsrichterentscheidung herum, die ihm nicht passt. Also über jeden Freistoß, der gegen seine Mannschaft gepfiffen wird. Meistens klingt das so: „Das war doch gar nichts!!" „Schiri, der lässt sich doch fallen!" „Wieso denn für die, das war Freistoß für uns!!!"

Oscar geht den Schiedsrichtern damit fürchterlich auf die Nerven. Jede Woche. Der Schiri vom letzten Spiel gegen Sebaldsbrück hat ihn früh zur Seite genommen und nett gesagt: „Pass mal auf: Die Entscheidungen hier treffe ich, und wenn dir etwas nicht passt, dann sag es mir bitte freundlich und brüll hier nicht immer rum!"

Oscar hat sich daran gehalten. Vier Minuten lang etwa. Dann gab es einen Zweikampf im Strafraum, sein Mannschaftskamerad Roman fiel hin und Oscar wollte unbedingt einen Elfmeter. Der Schiri rief aber: „Weiterspielen, war nix!“ Daraufhin ist Oscar direkt zu ihm gerannt und hat laut protestiert. Roman rappelte sich auf und rannte hinterher, und innerhalb von Sekunden standen Oscars Mannschaftskameraden zu fünft beim Schiedsrichter und riefen aufgeregt durcheinander, das sei doch wirklich ein klarer Elfer gewesen. Wie ein Rudel wilder Tiere drängten sie sich um den Schiedsrichter, der die Szene völlig richtig gesehen hatte. Roman war nämlich nur ausgerutscht.

Eine bei Schiedsrichtern sehr unbeliebte Erscheinung ist die sogenannte Rudelbildung. Rudelbildung bedeutet, dass sich mehrere Spieler einer sich benachteiligt fühlenden Mannschaft erregt versammeln und protestierend auf den Schiedsrichter oder manchmal auch einen Gegner einstürmen.

Das kann durch ein Foul ausgelöst werden, über das man sich als Mannschaft besonders ärgert. Oder sehr viel häufiger durch eine Schiedsrichterentscheidung, die man für falsch hält.

Rudelbildung auf dem Rasen wird oft als unfaires Mittel verwendet, um den Schiedsrichter zu beeinflussen, die Stimmung unter den Zuschauern anzuheizen oder die gegnerische Mannschaft einzuschüchtern. Sie erschwert dem Schiedsrichterteam, auf dem Spielfeld für Ordnung und für eine Fortsetzung des Spiels zu sorgen.

Oscar schließlich hat in Sebaldsbrück einen großen Fehler gemacht: Als der Schiedsrichter trotz des Geschreis seiner Mannschaft keinen Elfer geben wollte, packte Oskar ihn am Arm und zerrte ihn herum, als der Mann in Schwarz gerade das Spiel fortsetzen wollte. Der hatte die Nase endgültig voll und sagte ruhig zu Oscar: „So, nun reicht's. Du gehst jetzt duschen!" Ohne ihn verlor seine Mannschaft das Spiel mit 0:2, und hinterher waren alle sauer. Ein bisschen auf den Schiedsrichter, aber vor allem auf Oskar.

Schiedsrichter

Man nennt ihn auch „Schiri", und die wenigsten mögen ihn. Am besten hat er seinen Job erledigt, wenn man ihn kaum bemerkt. Meistens aber regt man sich über ihn auf. Weil er hier nicht gepfiffen hat, obwohl das doch ein klares Foul war. Weil er dort gepfiffen hat, obwohl das wiederum gar nichts war.

Schiedsrichter haben es schwer. Sie müssen blitzschnell Entscheidungen treffen, ohne länger darüber nachzudenken. Sie müssen sich von Spielern und Zuschauern anpöbeln lassen, und sie müssen sich auch gefallen lassen, dass im Fernsehen von „klaren Fehlentscheidungen" geredet wird, obwohl der Reporter die Szene auch erst beim zwölften Anschauen kapiert hat.

Haben Schiedsrichter eigentlich Spaß am Fußball? Sie schießen keine Tore, sie werden nicht bejubelt und sie bekommen auch nicht so viel Geld für ihren Job wie die Spieler, die bejubelt werden.

Fest steht: Ohne sie könnte man kein einziges Bundesligaspiel überhaupt auch nur anpfeifen. Wir brauchen sie, auch wenn viele von uns kein Spiel schauen können, ohne sich über den ihrer Meinung nach blinden Schiedsrichter zu ärgern.

Ein Schiedsrichter muss den Fußball mögen, darf aber für die Dauer des Spiels nicht Fan einer der beiden Mannschaften sein. Er darf auch keine Entscheidungen gegen Spieler treffen, nur weil er sie nicht mag. Neben guten Nerven braucht er Sinn für Gerechtigkeit und die Gabe, sich sehr schnell richtig zu entscheiden. Auch wenn er von Spielern bedrängt und von Zuschauern ausgepfiffen wird.

Schwalbe

Eine ganz miese Nummer ist das, so eine Schwalbe. Du hast als Abwehrspieler alles versucht, damit der Stürmer kein Tor schießt. Du hast ihn hart, aber fair bedrängt und so weit abgeblockt, dass er keinen gefährlichen Schuss hinbekommt.

Das hat er gemerkt und sich einfach fallengelassen. Der Schiri ist darauf hereingefallen und hat ihm dafür einen Elfmeter geschenkt. Eine ganz miese Nummer, wirklich.

Schwalben gehören zu den hässlichen Erscheinungen beim Fußball. Man versteht darunter das absichtliche Sich-Fallenlassen, um sich dadurch einen Freistoß oder einen Elfmeter zu ergaunern, den man eigentlich gar nicht bekommen dürfte.

In den meisten Fällen werden Schwalben irgendwann bestraft. Denn der Spieler, der sich absichtlich fallen lässt, betrügt dadurch nicht nur den Schiedsrichter und den Gegner. Er betrügt auch die vielen tausend Fans im Stadion und wird meistens innerhalb weniger Sekunden durch die Fernsehkameras entlarvt, die seine Schwalbe dann auch noch den vielen Millionen Fans zuhause am Fernseher deutlich zeigen.

Fußball ist Sport, und auch wenn das altmodisch klingt: Zum Sport gehört ein ganz alter Begriff, der in England erfunden wurde. Der Begriff lautet „Sportsgeist". Das bedeutet, dass man zwar im Sport vor allem versuchen sollte, gut zu sein, auch besser als der Gegner. Man sollte dies aber immer ehrlich tun und nicht den Gegner schlecht machen, um selbst besser dazustehen.

Und deshalb sollte sich niemand über einen Sieg freuen, der nur durch eine Schwalbe zustande kam. Ehrlich gewinnen – das ist Fußball!

Stadion

Was ein Stadion ist, weiß sicher jeder. Aber woher kommt das Wort?

„Stadion" stand ursprünglich für ein altes griechisches Längenmaß. „1 Stadion" entsprach der Länge von 600 Fuß, und je nach Umrechnung einer Strecke von ungefähr 180 Metern. Das Längenmaß „Fuß" wurde teilweise sehr unterschiedlich definiert. Kein Wunder, es gibt ja auch sehr verschieden große Füße.

Schon in der Antike gab es Stadien, vor allem in Griechenland. In diesen altertümlichen Arenen fand man nach ihrer Ausgrabung tatsächlich Einrichtungen für Wettläufe über die Strecke von ziemlich genau 180 Metern. Das Wort „Stadion" war ein Begriff für die Zuschauertribünen, die um eine Wettlaufbahn herum errichtet worden waren.

Vor wenigen Jahrzehnten noch dachte man, ein Stadion müsse für möglichst viele Sportarten geeignet sein. Fast alle großen Arenen hatten deshalb eine Laufbahn rund um den Rasen und Vorrichtungen für Weitsprung, Kugelstoßen oder Hammerwurf.

Hauptsächlich in England herrschte eine andere Tradition: Dort gab es schon lange reine Fußballschüsseln mit toller Atmosphäre, in denen die Fans nicht durch eine Laufbahn vom Spielfeld getrennt sind und deshalb ganz dicht am Spielfeld sitzen.

Spätestens als Deutschland im Jahr 2006 die Fußball-WM ausrichten durfte und viele Städte deshalb ihre Stadien modernisieren mussten, wurden viele Mehrzweckstadien zu reinen Fußballstadien umgebaut. Jetzt gibt es in der Bundesliga fast nur noch Stadien ohne Laufbahn.

Anders als oft vermutet ist heute nicht mehr das berühmte „Maracana“-Stadion in Brasilien das größte Stadion der Welt. Dort waren früher manchmal 200.000 Zuschauer bei einem einzigen Spiel! Aus Sicherheitsgründen wurden in den größten Stadien der Welt nach und nach die Stehplatzbereiche in Sitzplätze umgewandelt. Die brauchen mehr Platz, und deshalb passen heutzutage ins Maracana „nur“ noch ungefähr 79.000 Zuschauer hinein. Das größte Stadion der Welt ist inzwischen das „Narendra-Modi-Stadion“ in Ahmedabad, einer Stadt in Indien. Dieses Riesending fasst sage und schreibe 132.000 Zuschauer und ist damit viel größer als das größte deutsche Stadion. Allerdings wird dort kein Fußball gespielt, sondern die in Indien sehr viel populärere Sportart Cricket. Das größte Stadion in Deutschland ist mit ungefähr 80.000 Plätzen der Signal-Iduna-Park in Dortmund, das frühere „Westfalenstadion“. Wer mal die Gelegenheit hat, sollte sich ein Heimspiel der Borussen dort besuchen und die „Gelbe Wand“ (25.000 Fans in den Dortmunder Farben) erleben – eine atemberaubende Erfahrung.

Strafraum

Juliana foult oft. Nicht weil sie so brutal ist, sondern weil sie keine so tolle Technikerin ist. Außerdem ist sie eher langsam. Weil sie aber keine Angst hat, stellt die Trainerin sie oft in die Abwehr. Dort steht Juliana ungefähr am eigenen Strafraum. Sie rückt nie zu weit mit nach vorne auf, weil sie sonst nicht schnell genug zurücklaufen kann.

Am Strafraum wartet Juliana also meistens darauf, dass eine Stürmerin des Gegners auf sie zuläuft. Wenn die Stürmerin trickreich ist und schnell, hat Juliana es sehr schwer. Wenn die Stürmerin aber selbst vielleicht auch nicht die Schnellste ist und technisch nicht die Allerbeste, dann gibt es oft einen rasanten Zweikampf, und der endet nicht selten mit Aua. Das Aua hat grundsätzlich nie Juliana, sondern immer die Gegnerin.

In Julianas E-Jugendmannschaft hat der Schiedsrichter meistens gar keine Karten dabei. Das ist gut so, denn nach normalen Spielregeln müsste Juliana beinahe in jedem Spiel vom Platz fliegen. Sie ist die letzte Abwehrspielerin hinten, und nur selten kann sie eine Stürmerin fair bremsen.

Immerhin hat sie die Trainerin inzwischen so weit gebracht, im Strafraum etwas vorsichtiger zur Sache zu gehen. In den ersten fünf Spielen für ihren Verein hatte Juliana sechs Elfmeter verursacht, weil sie dauernd in brenzligen Situationen das Bein des Gegners mit dem Ball verwechselt hatte, und das kurz vor dem Tor.

Ganz genau genommen hat der Strafraum eine Breite von 40,23 Metern und eine Länge von 16,45 Metern, gemessen von der Torlinie aus. Er ist also rechteckig. Die krummen Maße erklären sich wieder durch

die Übertragung vom englischen Längenmaß „Yard“ ins Deutsche. Für Engländer ist der Strafraum 44 Yards breit und 18 Yards lang.

Der Strafraum ist also kein Zimmer, in das unartige Spieler gesperrt werden. Das dachte ich früher immer. Er ist ein besonderer Bereich des Spielfeldes, in dem der Torwart den Ball in die Hand nehmen darf. Bis 1912 durfte er das in der gesamten eigenen Spielhälfte. Wenn man sich das heute vorstellt, kommt man schnell drauf, weshalb diese Regel geändert wurde.

Ein Foul oder absichtliches Handspiel der abwehrenden Mannschaft im Strafraum führt zu einem Elfmeter.

Juliana ist immer noch keine Supertechnikerin, aber sie ist geschickter geworden. Außerhalb des Strafraums, der oft einfach auch nur „Die Box“ genannt wird, riskiert sie nach wie vor oft Freistöße, aber innerhalb des „Sechzehners“, wie man den Strafraum auch wegen seiner Länge nennt, foult sie nur noch wenig. Sie hat es inzwischen ziemlich gut drauf, die Gegenspielerin abzudrängen, aber nicht mehr umzuhauen.

Stürmer

Wenn man als Kind mit dem Fußballspielen anfängt, will man eigentlich hauptsächlich eines: vorne herumstehen und die Kugel reinhauen. Denn dann jubeln alle und freuen sich über dich. Klar: Stürmer sein ist das Coolste!

Im Laufe der Zeit merkt man schon, dass es nicht viel mit Fußball zu tun hat, wenn man einfach nur herumstehst und darauf wartet, dass einem der Ball vor die Füße rollt.

Gerade ein guter Stürmer kann viel mehr als einfach nur Tore schießen. Stürmer müssen zweikampfstark sein, um sich gegen starke Verteidiger behaupten zu können, die mit allen Mitteln kämpfen. Stürmer müssen ständig anspielbar sein. Ein Stürmer muss besonders viel laufen, um es dem Gegenspieler schwerer zu machen, ihn zu bewachen. Stürmer müssen Phantasie haben und überraschende Dinge tun, denn wenn der Verteidiger erst einmal weiß, wo du stehst, wie du läufst und welches dein Lieblingstrick ist, dann hat er kein großes Problem, dich komplett abzumelden.

Schließlich sind Stürmer nicht nur zum Toreschießen da, sondern auch um Tore vorzubereiten. Eine maßgenaue Flanke auf den Kopf des Mitspielers ist genauso schön und spektakulär wie der Torschuss selbst. Ein Dribbling auf dem Flügel und dann ein scharfes Zuspiel auf den freistehenden Sturmkollegen dürfte für dieselben Beifallsstürme sorgen wie ein Torschuss.

Wenn du Stürmer werden willst, trainiere dein Tempo, dein Dribbling, deine Spielübersicht. Spiele mannschaftsdienlich und versuche zu lernen, wann der richtige Moment ist, um ruhig mal auf eigene Faust den direkten Weg zum Tor zu suchen und die Bude selbst dicht zu machen. Zu egoistisch spielen ist nicht gut, aber jeden guten Stürmer kennzeichnet es auch, dass er im entscheidenden Moment selbst seine Chance nutzt und sich dabei von niemandem aufhalten lässt.

Tor

Es kann aus zwei Jacken auf einer Wiese bestehen. Früher bestand es aus zwei Stangen mit einer dazwischen gespannten Leine als „Latte“, dann aus kantigen Holzbalken und seit geraumer Zeit aus abgerundetem Aluminium.
Das ist eine gute Idee gewesen, nachdem im Jahr 1971 im Bundesligaspiel Borussia Mönchengladbach – Werder Bremen ein Holztor mitten im Spiel zusammenbrach, weil Holz ja irgendwann morsch werden kann, wenn es oft nass wird.

Ein Tor ist 7,32 Meter breit und 2,44 Meter hoch. Das ist der Abstand der Innenkanten von Pfosten zu Pfosten und der von der Unterkante der Latte bis zum Boden. Das Tor ist damit auf den Zentimeter genau exakt dreimal so breit wie hoch. Die seltsamen Maße erklären sich wieder aus den in England gebräuchlichen Längenmaßen „Yard“ und „Fuß“. Ein Tor ist nach englischen Maßen genau 8 Fuß hoch und 8 Yards breit.

Vor jedem Spiel prüft der Schiedsrichter, ob das Tornetz und die Pfosten in Ordnung sind. Zur Sicherheit müssen alle Profivereine immer Ersatztore bereitstehen haben. Bei einem Champions League-Spiel in Madrid haben tobende Real-Fans ein Tor vor dem Spiel durch starkes Rütteln aus Versehen umgerissen, weil das Tor direkt am Zaun dahinter verbunden war. Damals dauerte es fast 80 Minuten, bis ein Ersatztor beschafft werden konnte. Seitdem wird noch strenger kontrolliert, ob mit den Toren alles in Ordnung ist.

Torjubel

Wenn sich kleine Kinder über Weihnachtsgeschenke freuen, sieht das heute immer noch so aus wie vor hundert Jahren. Freude ist Freude und kommt von Herzen, also kann sie sich nicht verändern, sollte man denken.

Beim Torjubel ist das anders, komischerweise. Vielleicht nicht beim TSV, wo alle Spielerinnen und Spieler nach einem Tor mit Freudengeheul abdrehen und aufeinander zu rennen, um sich gemeinsam zu freuen. In der großen Welt des Fußballs hat sich der Jubel immer mal wieder verändert, und wenn wir uns heute anschauen, wie Spieler vor dreißig, vierzig oder fünfzig Jahren gejubelt haben, kommt uns das sehr komisch vor.

Vor sechzig Jahren, als die Bundesliga noch ganz neu war und die Übertragungen von Fußballspielen noch schwarz-weiß, hüpften Torschützen nach einem Torerfolg in die Luft, so hoch sie konnten und warfen dabei die Arme in die Höhe. Manchmal hopsten sie so auch auf ihre Kollegen zu. Und natürlich umarmten sie einander. Das ist der einzige Teil des Jubels, der immer noch so gemacht wird.

Zehn Jahre später sprangen Torschützen immer noch in die Luft, aber warfen nicht mehr die Hände nach oben, sondern schlugen mit einer Faust in die Luft. In den fünfzig Jahren seitdem wurden viele sehr verschiedene Jubelformen erfunden. Keine Ahnung, warum. Spieler begannen irgendwann, beim Jubeln auf die Knie zu gehen, und als neue Variante bewegten sie vor dreißig Jahren dazu eine Hand so hin und her, als würden sie damit etwas zersägen.

Die Säge, die Luft-Faust und der Lufthopser sind inzwischen wieder aus der Mode geraten. Heute wird umarmt, gekniet oder getanzt. Ja, getanzt.

Das ist auch seltsam, passiert aber immer mal wieder. Manche Spieler freuen sich, indem sie sich nach einem Tor so bewegen wie auf einer Tanzfläche. Viele Fußballer überlegen sich schon vor einem Spiel, wie sie jubeln wollen, wenn sie ein Tor schießen sollten. Das ist eigentlich ein bisschen albern, weil man sich ja eigentlich vor allem erst einmal ganz echt freuen sollte, wenn man ein Tor schießt. Es ist aber inzwischen oft zu sehen, dass Spielerinnen und Spieler ihren Torjubel vorher genauestens überlegen, um damit etwas auszudrücken. Manche nuckeln beim Jubeln am Daumen, weil sie sich darüber freuen, dass sie bald Papa oder Mama werden. Manche halten sich den Zeigefinger auf die Lippen, als wollten sie sagen: „Pssst!“, weil sie sich vielleicht vorher ungerecht behandelt fühlten und den Zuschauern zeigen wollen: „Hey, ihr habt mich schlecht gemacht, aber jetzt habe ich mich sehr angestrengt und ein wichtiges Tor geschossen. Also seid beim nächsten Mal besser erst mal ganz still!“ Es kommt auch vor, dass Spieler mit ihren Händen Herzchen formen, weil sie jemanden auf der Tribüne grüßen und die Freude über das Tor mit diesem Menschen teilen möchten.

Wer weiß, wie Spieler in zehn Jahren jubeln. Eigentlich wissen wir nur eines ganz sicher: Auch in zehn Jahren wird sich jede Spielerin und jeder Spieler über jedes Tor ganz dolle freuen. Egal wie.

Torwart

Valentin steht am liebsten im Tor. Am Anfang war das nur, weil er nicht so schnell ist und deshalb nicht so gerne rennt wie seine Mitspieler. Aber irgendwann hat er richtig Gefallen daran gefunden, die letzte Rettung seiner Mannschaft zu sein, wenn nichts mehr hilft und der Stürmer des Gegners alleine auf das Tor zuläuft. Valentin ist mutig und wirft sich notfalls auch mal mit Anlauf vor die Füße seines Gegners. Irgendwann begannen die Stürmer, ihn zu fürchten. An diesem Valentin kommt man nur schwer vorbei – das sprach sich herum.

Valentin mag seine Rolle als Einzelkämpfer zwischen den Pfosten. Er trägt in jedem Spiel einen leuchtend gelben Torwartpullover, darf den Ball als Einziger in die Hand nehmen und hat schon so manches Spiel im Alleingang gewonnen, weil er den gegnerischen Stürmern mit Glanzparaden in Serie den letzten Nerv geraubt hat.

Wahrscheinlich ist es genau das, was auch den Stars unter den Torhütern dieser Welt so gefällt. Unsere deutschen Torhüter Kevin Trapp, Marc-André ter Steegen und Manuel Neuer, Hugo Lloris von Real Madrid, die vierfache Welttorhüterin Sarah Bouhaddi aus Frankreich oder Alisson Becker vom FC Liverpool – sie alle haben eine ganz besondere Rolle innerhalb ihrer Mannschaften.

Als Torwart kann man durch eine einzige Unkonzentriertheit ein wichtiges Spiel vermasseln. Valentin ist das auch schon passiert. Damals im Pokalhalbfinale gegen Bruchhausen-Vilsen hat er versucht, mit seinem Torwarthandschuh eine dicke Wespe von der Latte zu wedeln, als seine Mannschaft gerade im Angriff war. Ein paar Minuten waren nur noch zu spielen und es stand 2:2.

Die Wespe hat er nicht erwischt und dann zu allem Überfluss den Handschuh nicht wieder schnell genug angezogen bekommen. Ausgerechnet in diesem Moment kam ein weiterer Schlag des Gegners. Valentin wurschtelte noch an seinem Torwarthandschuh herum und konnte nicht reagieren. Fast ohne Gegenwehr machte Bruchhausen-Vilsen das 3:2 und Valentins Team war ausgeschieden.

Das ist die unschöne Seite des Torwart-Seins: Man kann ganz alleine Spiele verlieren, wenn man nicht aufpasst. Wenn einem Stürmer der Ball vom Fuß springt, ist das doof, aber beim nächsten Mal kann er es besser machen. Wenn einem Verteidiger ein Gegenspieler unbemerkt hinter seinem Rücken wegläuft, kann ihn sein Mannschaftskamerad vielleicht noch einholen. Aber wenn du als Torwart im falschen Moment Wespen von der Torlatte verscheuchst, kann dir niemand helfen.

Andererseits ist es auch doof, dass man so gut wie nie Tore schießen kann. Es gibt zwar Ausnahmen, wie den Torwart Hans-Jörg Butt, der in seiner Zeit bei Bayer Leverkusen die Elfmeter schießen durfte und fast jeden versenkte. Oder den paraguayanischen Keeper Chilavert, der sogar für Freistöße am gegnerischen Tor aus seinem Tor gelaufen kam, weil er die verdammt gefährlich schießen konnte.

Aber viel wichtiger ist, dass du im entscheidenden Moment einen schwierigen Schuss hältst. Dann bist du ein Held und deine Mannschaftskameraden sind froh, dich zu haben. Deshalb steht Valentin so gerne im Tor.

Nur Wespen lässt er jetzt immer in Ruhe, während das Spiel läuft.

Trainer

Wenn Herr Eggers, der Vorsitzende des TSV, über Trainer Rullhusen redet, gerät er oft ins Schwärmen: „Das ist wirklich ein Supertyp! Er kann gut mit Kindern umgehen, ist ein absoluter Fußball-Fachmann und kann sich in jeden Spieler perfekt hineinversetzen. Er will Erfolg haben, aber er ist auch Mensch genug um seinen Kids zuzugestehen, dass man auf dem Platz mal Fehler machen darf."

Trainer Rullhusen kann sehr streng sein. Wenn er sieht, dass einer seiner Spieler auf dem Platz Faxen macht oder faul ist, macht ihn das wahnsinnig. Neulich hat er Berat ausgewechselt, nachdem der dreimal in kurzer Zeit nach einem Ballverlust einfach stehen geblieben ist und gar nicht versucht hat, seinen Fehler wieder gutzumachen. Das Gute am Trainer ist aber: Er hat Berat die Sache sofort ruhig erklärt. Er ist in die Knie gegangen und hat seinem Spieler in die Augen gesehen, um nicht von oben herab mit ihm zu sprechen. Das finden die Kinder immer gut. Und er hat gesagt: „Junge, wir haben das schon so oft besprochen: Du weißt doch, dass ich dir nicht böse bin, wenn du dich mal verdribbelst und einen Ball unnötig verlierst. Sowas kann immer passieren. Das ist oft auch Pech. Aber wenn du hinterher gar nicht erst versuchst, den Fehler wieder auszubügeln und dir den Ball wiederzuholen, dann ist das kein Pech mehr, sondern Faulheit. Und damit lässt du deine ganze Mannschaft im Stich. Das macht mich sauer. Nicht der Ballverlust. Okay?"

Berat hat das verstanden. In der F-Jugend hatte er einen Trainer, der bei Patzern immer gleich rumgebrüllt hat. Das war irgendwann so schlimm, dass kein Spieler mehr den Ball haben mochte, weil alle Angst davor hatten, Fehler zu machen. Das ist schlecht, denn wer unsicher ist, spielt auch nicht gut.

Ein Trainer muss seinen Spielern nicht nur Anweisungen geben, sondern auch dafür sorgen, dass jeder Spieler so behandelt wird, dass er seine Leistung am besten bringen kann. Manche Spieler müssen ab und zu mal einen kleinen Anschiss bekommen, weil sie auf freundliche Ansagen nicht reagieren. Andere sind völlig verschüchtert, wenn der Trainer sie patzig auf einen Fehler hinweist. Bei jedem Trainer ist es wichtig, dass er Ahnung von dem hat, was er seinen Spielern erklären will. Aber er muss auch geschickt genug sein, um jeden einzelnen seiner Spieler möglichst gut zu verstehen. Das gilt übrigens nicht nur für Trainer Rullhusen und seinen Umgang mit Berat und den anderen. Sondern auch für Jürgen Klopp, Julian Nagelsmann oder Pep Guardiola.

Damit ein Trainer diese verschiedenen Herausforderungen alle meistern kann, muss er beim DFB eine Ausbildung machen. Je höher der Trainer arbeiten will, desto schwieriger ist die Ausbildung. Wer in der Bundesliga trainieren möchte, muss härtere Prüfungen ablegen als ein Trainer, der im Jugendfußball arbeiten möchte. Neben Fußball-Fachwissen muss ein Trainer auch viel über Psychologie lernen. Also auch die Fähigkeit üben, sich in seine Spieler hineinzuversetzen. Um Trainer in der Bundesliga zu werden, braucht man den „Fußballlehrer-Schein“.

Trainer Rullhusen hat die sogenannte „A-Lizenz“ und darf damit Mannschaften bis zur Regionalliga, der 4. Liga in Deutschland, trainieren. Und Herr Eggers hat Recht: Er macht seinen Job klasse. Supertyp, kann mit seinen Spielern umgehen, versteht viel von Fußball.

Solche Trainer wünscht sich jeder Verein. Egal ob TSV oder FC Barcelona.

Umschaltspiel

Trainer Rullhusen ist eigentlich ganz zufrieden mit seiner Mannschaft. Seit die Saison begonnen hat, konnte der TSV von fünf Spielen dreimal gewinnen. Ein Unentschieden gab es, bei den sehr starken Blauweißen aus Melchiorshausen und eine sehr unglückliche Niederlage in Kirchweyhe. Platz 3. Das sieht doch gut aus.

Er möchte gerne ein paar Dinge verbessern, die in diesen fünf Spielen noch nicht so gut geklappt haben. Eine davon ist das Umschaltspiel. Umschaltspiel bedeutet, dass die Mannschaft nach einem Ballgewinn ohne zu Zögern so schnell wie möglich zu einem gefährlichen Gegenangriff übergehen kann. Je schneller die eigenen Angriffe sind, umso schwerer ist es für den Gegner, sich zu verteidigen.

Das kann seine Mannschaft im Moment noch gar nicht so richtig. Wenn Noah einen Ball gewinnt, braucht er viel zu lange, um ihn kontrolliert weiterzuspielen. Bei Adrian sieht es fast so aus, als müsse er erst einmal fünf Sekunden überlegen, was man mit so einem Ball eigentlich alles anstellen kann. Und Leonie hat noch viel zu viel Angst vor einem Fehlpass zum Gegner und spielt deshalb jeden Ball erstmal zurück in die eigene Abwehr, damit sie nichts falsch macht. Sie traut sich nicht genug zu und ist immer etwas zu ängstlich.

All das sind Angewohnheiten, die ein schnelles Umschaltspiel verhindern. Wenn alles zu lange dauert, kann der Gegner sich wieder geordnet aufstellen und in Ruhe abwarten, was deine Mannschaft macht.

Trainer Rullhusen erklärt allen Kindern beim nächsten Training, dass sie ab jetzt bei jedem Treffen eine spezielle Trainingsübung einbauen wollen, mit der das Umschaltspiel verbessert werden soll. Mit orangenen Hütchen markiert er zwei kleine Spielfelder, die direkt nebeneinander liegen. Während sechs seiner Spieler mit Torwart Maximilian Torschusstraining machen, versammelt der Trainer die restlichen zwölf Spielerinnen und Spieler auf einem der beiden kleinen Spielfelder. Sechs von ihnen bekommen gelbe Leibchen, damit zwei Mannschaften voneinander unterschieden werden können. Die gelbe Mannschaft bekommt zuerst den Ball. Es darf erstmal nur das eine Spielfeld benutzt werden. Für die zwölf Personen ist das ganz schön eng. Die sechs gelben Spielerinnen und Spieler sollen sich den Ball zupassen, ohne dass die andere Mannschaft ihn bekommt. Sie merken sehr schnell: Auf diesem kleinen Rasenrechteck geht das nur dann, wenn alle Spieler sich ganz viel bewegen und freilaufen, und wenn

vor allem keiner von ihnen träumt und alle immer aufmerksam sind und aufpassen, was gerade passiert. Das ist schon mal das Erste, was sie für gutes Umschaltspiel gelernt haben: immer ganz dolle aufpassen, immer freilaufen, immer bewegen, immer gucken, was passiert. Sobald ein Spieler der anderen Sechsermannschaft den Ball erobert, ziehen alle zwölf Spieler in das andere Spielfeld um und nun muss die Mannschaft ohne Leibchen den Ball zuspielen und die Gelben müssen ihn bekommen. Es geht ständig hin und her, alle laufen in einer Tour, jeder muss ganz genau in jeder Sekunde schauen, was gerade passiert. Das alles ist wahnsinnig anstrengend, aber es macht auch voll Spaß.

Nach ein paar Minuten haben alle das Gefühl, dringend eine Pause zu brauchen. Trainer Rullhusen wirft ihnen die Wasserflaschen zu, dann geht es weiter. Kurz. Nach einer Viertelstunde sind alle so kaputt, dass die Übung zu Ende ist. Erik lässt sich platt zu Boden fallen und glaubt, dass er heute nicht mehr aufstehen kann. Mia spritzt ihm mit der Wasserflasche ins Gesicht. Nun kann er doch aufstehen.

Das Komische ist: Obwohl die Übung so anstrengend ist, machen alle sie sehr gerne mit. Beim vierten Mal zeigt Trainer Rullhusen nach der Trinkpause auf seine Stoppuhr und fragt in die Runde: „Wem von euch fällt gerade was auf?“ Alle überlegen. Anton fragt: „Machen wir die Übung heute besonders lange?“ Trainer Rullhusen nickt und klatscht ihn ab: „Ihr macht die Übung jetzt doppelt so lange wie beim ersten Mal und habt es gar nicht gemerkt. Ihr seid gar nicht kaputt, oder?“ Alle schütteln den Kopf.

Sie haben durch diese Übung einige Dinge an ihrem Spiel sehr verbessert. Sie sind aufmerksamer, sie spielen schneller ab, sie können länger laufen und sie sind dadurch in ihren Punktspielen viel gefährlicher. Noch einmal werden sie nicht gegen Kirchweyhe verlieren. Ganz sicher.

Verteidiger

Dass es in der Welt überhaupt gute Verteidiger gibt, ist eigentlich ein Wunder. Denn kein Mensch von Rio de Janeiro bis Moskau beginnt mit dem Fußballspielen und denkt dann sofort: „Au ja, das macht Spaß, und später will ich mal Verteidiger werden!"

Jeder möchte lieber Tore schießen. Und mancher Verwegene träumt von einer Karriere als unbezwingbarer Torwart, weil man da auch irgendwie was Besonderes ist. Aber Verteidiger ...? Müssen in der Abwehr nicht immer die spielen, die fürs Toreschießen zu schlecht sind?

Das ist vielleicht ganz am Anfang so, bei den Kleinen. Dann werden manchmal die nach hinten geschickt, die vorne keinen Ball treffen und hinten wenigstens noch im Weg herumstehen können.

Aber wenn du länger Fußball spielst, wirst du bald merken, dass man ohne gute Abwehrspieler keine Spiele gewinnen kann. Wer auch immer in eurem Team vorne spielt – er kann gar nicht so viele Dinger reinhauen wie ihr hinten reinbekommt, wenn ihr nicht gut verteidigt. Sogar in der Bundesliga heißt es: Mit dem besten Angriff kann man zwar einzelne Spiele gewinnen, aber die Meisterschaft gewinnt man am Ende nur mit einer bombensicheren Abwehr.

Die Position des Abwehrspielers ist schwierig zu spielen. Man hat das Spielgeschehen sozusagen „vor sich", nicht wie ein Stürmer. Hinten dagegen muss man seine Gegenspieler im Auge behalten, im richtigen Moment nach vorne aufrücken und den eigenen Offensivspielern helfen und sich ständig als Anspielstation anbieten, wenn zum Beispiel der Torwart deiner Mannschaft den Ball hat, oder wenn einer deiner Mitspieler in Bedrängnis gerät und nicht weiß, wohin mit dem Ball.

Ein Abwehrspieler muss außerdem sehr viel laufen und fleißig sein. Er darf nicht allzu langsam sein. Er muss Ruhe am Ball haben, damit er bei Bedrängnis in der eigenen Abwehr nicht hektisch oder ängstlich wird. Bei Fehlern im Sturm verliert man einfach nur den Ball. Fehler knapp vor dem eigenen Tor sorgen oft direkt für Gegentore.

Sehr oft sind Abwehrspieler die Lenker, die Strategen, die entscheidenden Persönlichkeiten auf dem Platz. Nur wer hinten sicher steht, kann auch gut nach vorne spielen.

Und deshalb waren viele der tollsten Fußballer aller Zeiten Abwehrspieler: der elegante und geniale Franz Beckenbauer, mit dem Deutschland 1974 Weltmeister wurde. Oder der unangreifbare Italiener Franco Baresi, dessen Ex-Verein AC Mailand seine Rückennummer „6“ nie wieder einem anderen Spieler geben wird, weil Baresi immer einzigartig bleiben soll. Oder heute der Niederländer Virgil van Dijk beim FC Liverpool oder Thiago Silva vom FC Chelsea, der mit fast 40 Jahren noch zu den besten Verteidigern der Welt zählte.

Wenn dein Trainer dich also in die Abwehr stellt, dann sei stolz, dass er dir so viel zutraut!

Videobeweis

Trainer Rullhusen ist ein gutmütiger Kerl, den so leicht nichts aus der Ruhe bringt. Er hat eigentlich immer gute Laune, und selbst wenn nicht, lässt er es die Kids in seiner Mannschaft nicht spüren.

Es gibt nur eine Situation im Training, die er nun wirklich überhaupt nicht mag: wenn er im Trainingsspiel Schiedsrichter sein muss. Er will dann einfach nur das Trainingsspiel leiten, aber nach wenigen Minuten fühlt er sich, als hätten sich alle Spielerinnen und Spieler seiner Mannschaft gegen ihn verbündet. Lisa und Erik reklamieren wegen eines angeblichen Foulspiels von Matteo, Malte hält Mia fest und ist sauer, dass der Trainer es gesehen hat, Felix lässt sich vor dem Tor plump fallen und will einen Elfmeter, immer wieder behaupten Spieler, dass der Ball im Aus war und es Einwurf geben müsse. Es wird gezickt, gezetert und beschwert. Immer mehr und immer lauter. Trainer Rullhusen denkt manchmal, statt der Trillerpfeife, die traurig an einem Band um seinen Hals baumelt, bräuchte er eigentlich ein Schiffshorn oder etwas anderes sehr Lautes. Oder Schiedsrichterassistenten, die ihm helfen, seine wildgewordene Horde wieder in den Griff zu bekommen. Aber er ist alleine.

Und genau das ist ein Problem, das auch die Schiedsrichter in großen Stadien in der Bundesliga haben. Sie müssen sich sehr schnell entscheiden und sorgen eigentlich mit fast jeder Entscheidung und jedem Pfiff dafür, dass sich irgendjemand benachteiligt oder ungerecht behandelt fühlt. Nicht nur die Spieler, manchmal auch 40.000 Zuschauerinnen und Zuschauer. Egal, ob der Schiedsrichter richtig oder falsch entschieden hat. Und das macht dann wirklich keinen Spaß.

Damit Schiedsrichter in solchen Momenten Hilfe bekommen, gibt es seit dem Jahr 2017 den sogenannten „VAR", der auch Videoschiedsrichter genannt wird. Die Abkürzung „VAR" steht für die englische Bezeichnung „Video Assistant Referee", was bedeutet, dass da jemand als Assistent des Schiedsrichters auf einem Bildschirm ganz genau das Spiel schaut, um dem Schiedsrichter auf dem Rasen zu helfen. Wenn dieser Videoschiedsrichter auf seinem Bildschirm etwas gesehen hat, was der Schiedsrichter auf dem Spielfeld vorher falsch entschieden hat, dann wird das Spiel unterbrochen und beide Schiedsrichter unterhalten sich über ein kleines Ansteck-Mikrofon darüber, was nun am besten entschieden werden sollte. Manchmal läuft der Schiedsrichter im Stadion danach zu einem eigenen, kleinen Fernseher, der am Spielfeldrand steht, um sich die Szene, um die es geht, selbst noch einmal anzuschauen.

Manche Leute nennen diese Erfindung auch „Videobeweis", weil man am Anfang mal hoffte, dass durch diesen zusätzlichen Schiedsrichter am Bildschirm alle Entscheidungen auf dem Spielfeld bewiesen und Fehler vermieden werden können. Das hat leider nie so richtig geklappt. Das liegt daran, dass der Videoschiedsrichter auch nur ein Mensch ist, der nun einmal Fehler machen kann. Und auf dem Bildschirm kann eine Situation manchmal genauso schwierig zu sehen sein wie im echten Spiel. Deshalb haben wir jetzt oft Situationen, in denen der VAR manchmal einen Fehler berichtigt, den der Schiedsrichter auf dem Platz gemacht hat, manchmal aber auch einfach nur selbst einen neuen Fehler macht, weil der Videoschiedsrichter auch etwas falsch gesehen oder falsch beurteilt hat. Das ist normal. Überall da, wo Menschen Dinge entscheiden müssen, werden Fehler gemacht. Und es wäre oft besser, das einfach zu akzeptieren, anstatt so zu tun, als könnte irgendjemand mit Hilfe eines Bildschirms dafür sorgen, dass keine Fehler mehr passieren.

Manche Spieler und Fans finden auch ein bisschen doof, dass durch das Eingreifen des Videoschiedsrichters das Spiel manchmal richtig lange unterbrochen werden muss. Deshalb kann man zum Beispiel manchmal gar nicht so richtig mit seiner Freude herausplatzen, wenn ein Tor fällt, weil sehr schnell alle merken, dass der Schiedsrichter erst noch ein paar Minuten mit dem Videoschiedsrichter diskutieren muss.

Trainer Rullhusen hat keinen Video-Assistenten. Das ist auch gut so. Er hat da gar keine Lust drauf. Auf die Meckerei allerdings auch nicht. Er hat eine gute Idee: Er schaut dem Spiel aufmerksam zu und sagt seinen Spielern: „Regelt das alles unter euch. Wenn ihr über irgendeine Situation im Spiel unsicher seid, redet miteinander und einigt euch!“ Klappt super. Warum ist er da nicht viel eher draufgekommen?

Zaubern

Sebastian und Trainer Rullhusen geraten immer mal aneinander. Nicht, weil Sebastian ein schlechter Kicker ist. Im Gegenteil: Er ist manchmal zu gut. Und dann wird er übermütig und fängt an zu zaubern.

Es ist toll und richtig, sich Tricks von seinen Lieblingsspielern abzugucken. Schau dir genau an, wie Lionel Messi bei seinen unfassbar schnellen Dribblings den Ball führt. Oder wie der Engländer James Ward-Prowse bei seinen Freistößen den Ball trifft. Oder wie der Brasilianer Neymar den Übersteiger macht.

Je mehr technische Tricks man beherrscht, umso mehr verschiedene Möglichkeiten hat man, im Spiel mit dem Ball umzugehen. Wer nur einen guten Trick beherrscht, der wird damit vielleicht zwei- oder dreimal an seine Gegner vorbeikommen. Aber dann ist Schluss, weil der Gegner es durchschaut hat.

Die unangenehmsten Spieler in der gegnerischen Mannschaft sind die, die immer etwas Neues auf Lager haben. Spieler, die dir den Ball durch die Beine schieben, nachdem sie dich vorher mit einer Körpertäuschung verwirrt haben. Oder dich durch ein atemberaubendes Dribbling stehen lassen. Oder die Übersteiger, Hackentricks oder ähnliche Schweinereien beherrschen, mit denen du einfach nicht klarkommst, weil dir das alles zu schnell geht.

Es ist wichtig, all diese Dinge zu lernen, zu üben und schließlich zu beherrschen. Genauso wichtig ist es aber, diese Tricks nur in passenden Momenten zu verwenden und schlau damit umzugehen.

Keiner im Team ist so trickreich wie Sebastian, aber leider ist es ihm vor lauter Trickserei oft egal, ob seine Zaubereien dem Spiel der Mannschaft nützen oder nicht. Er hat mit seinen Dribblings schon tolle Tore vorbereitet, viele Zaubertore selbst geschossen und viele Zuschauer sagen, dass Sebastian mal ein richtig Großer werden kann.

Trainer Rullhusen sieht das etwas anders. Er versucht wieder und wieder, seinem Spieler beizubringen, dass man einen Trick nur dann anbringen sollte, wenn er dem Spiel auch wirklich nützt. Also nicht ein Endlos-Dribbling vor dem eigenen Tor starten oder den Ball in höchster Not mit der Hacke am Gegner vorbeilegen, wenn man auch eine einfachere und vor allem sicherere Variante wählen könnte. Bei Sebastian kommt dazu, dass er manchmal seinen Gegenspieler so richtig nasszumachen versucht. Gegen die ziemlich starke Hintermannschaft von Tura hat er es dann übertrieben. Sein Gegenspieler hatte schon Schwindelanfälle, so oft wurde er von Sebastian umkurvt und ausgedribbelt. Manchmal hat ihn Sebastian sogar extra wieder herankommen lassen, um ihn dann ein zweites Mal auszutricksen.

Trainer Rullhusen mag so was gar nicht. Mit solchen Aktionen zeigt man, dass man den Gegner nicht ernst nimmt. So etwas ist schlecht.

Vor allem dann, wenn der Mannschaftskapitän von Tura irgendwann die Faxen dicke hat und Sebastian zweimal mitten im schönsten Dribbling wegsemmelt. Mit Anlauf. Das tat richtig weh, die Freistöße brachten nichts ein und Sebastian hatte danach Angst, noch ein weiteres Mal zu dribbeln.

Auch der Trainer glaubt, dass Sebastian mal bei einem größeren Verein spielen kann, wenn er sich weiterentwickelt. Aber Sebastian muss bis dahin lernen, dass man mit Köpfchen zaubern muss. Also nur dann, wenn es sinnvoll ist. Nicht als Show-Einlage. Dafür gibt es den Bolzplatz – dort kann jeder zaubern, so viel er will.

Inhalt

Über den Autor

Arnd Zeigler wurde 1965 unter der Ostkurve des Bremer Weserstadions geboren, wo er heute als Stadionsprecher herumbrüllt. Deutschlandweit bekannt wurde er durch seine TV- und Radiosendung *Zeiglers wunderbare Welt des Fußballs* im WDR und auf Radio Bremen sowie zahlreiche CDs, Bücher und Magazinbeiträge rund um das runde Leder.

Arnd Zeiglers wunderbares Fußballbuch ist sein erstes Kinderbuch.

2. Auflage 2024

© 2024 Klett Kinderbuch, Leipzig

Alle Rechte vorbehalten

Aktualisierte und mit neuen Illustrationen versehene Neuauflage der Ausgabe von 2011

Illustrationen und Umschlag: Philip Waechter

Layout, Satz und Herstellung: Florian von Wissel, hoop-de-la, Köln

Druck und Bindung: Livonia Print, Riga

Printed in Latvia

ISBN 978-3-95470-289-3

www.klett-kinderbuch.de

FSC www.fsc.org MIX Papier | Fördert gute Waldnutzung FSC® C002795